Henny Brenner
Das Lied ist aus
Ein jüdisches Schicksal in Dresden

Henny Brenner

Das Lied ist aus

Ein jüdisches Schicksal in Dresden

Mit einem Vorwort
von Iring Fetscher
und einem Nachwort
von Michael Brenner

WALLSTEIN VERLAG

4. Auflage 2026

www.wallstein-verlag.de
Wallstein Verlag GmbH
Geiststr. 11, 37073 Göttingen
info@wallstein-verlag.de
Vom Verlag gesetzt aus der Adobe Garamond
Umschlaggestaltung: Wallstein Verlag, Göttingen
unter Verwendung einer Fotografie des kriegszerstörten Dresden
© Sächsische Landesbibliothek – Staats- und Universitätsbibliothek
(SLUB) Dresden, Deutsche Fotothek sowie einer Fotografie aus dem
Privatbesitz der Autorin
Druck und Verarbeitung: Elanders Waiblingen GmbH
ISBN 978-3-8353-3132-7

Inhalt

Erinnerungen – ein Vorwort von Iring Fetscher
7

Vorspiel in der Hölle
15

Die Mischpoche
18

Kindheitsimpressionen
29

Waschtag
33

Theaterbesuch
39

Schulwechsel
42

Ausgegrenzt
49

Mit Judenstern für die deutsche Rüstung
57

Zwangsarbeit in der Kartonagenfabrik
73

Nur ein Angriff kann uns retten
80

Warten auf das Ende
87

Befreit – und trotzdem voller Angst
91

Erneut bedroht
100

Abermals alles verloren
102

Ankunft im Westen
108

Nachwort von Michael Brenner
113

Abbildungsnachweise
117

Erinnerungen – ein Vorwort

Vor zwei Jahren begegnete ich meinem Münchner Kollegen Michael Brenner, der dort einen Lehrstuhl für die Geschichte des Judentums innehat. Von ihm erfuhr ich zum ersten Mal, daß seine Eltern in Dresden Patienten meines Vaters gewesen waren und mein Vater in dem Buch seiner Mutter Henny Brenner »Das Lied ist aus – Ein jüdisches Schicksal in Dresden« vorkomme. Ich wußte zwar, daß mein Vater, von den Nazis als Hochschullehrer entlassen, in seiner Praxis als Arzt vielen Antinazis und Juden geholfen hatte, aber Einzelheiten konnte und wollte er damals seinen Kindern nicht mitteilen, sie hätten versehentlich zu anderen darüber sprechen und ihm große Schwierigkeiten bereiten können. Selbst die treue Sprechstundenhilfe, die ich nach dem Ende der DDR einmal in einem »Feierabendheim« besucht habe, wußte nichts davon. Allen, mit denen mein Vater aus politischen Gründen oder um ihnen zu helfen, Verbindung aufnahm, waren korrekt als Patienten verbucht, zumindest als Bestrahlungspatienten, damit ihre Anwesenheit bei niemandem Verdacht wecken konnte.

Nun erfuhr ich aus dem Buch Henny Brenners, daß sie – Tochter einer jüdischen Mutter und eines nichtjüdischen Vaters – unter den Bestimmungen der Nazigesetze den Judenstern tragen mußte, weil sie – auf Wunsch ihrer Mutter – die zu erwartenden Kinder jüdisch zu erziehen entschlossen war. Ihr liebevoller Vater hatte sich einverstanden erklärt. Wie in allen »Mischehen« hing das Schicksal des jüdischen Elternteils wie der Kinder davon ab, daß der nichtjüdische Partner treu zu seinem Gatten / seiner Gattin stand und am Leben blieb. Wie zynisch bürokratisch dabei verfahren wurde, zeigt der Fall eines Berliner Juristen, der, nach dem Tod seiner nichtjüdischen Frau durch einen Bombenangriff, nach Auschwitz deportiert und umgebracht wurde. Bei dem Partner und am Leben zu bleiben war für das Schicksal solcher Familien die Voraussetzung für das (wahrscheinliche) Überleben. Durch alle möglichen Schikanen versuchten die Behörden, den nichtjüdischen Partner zur Scheidung zu drängen. Hätte Henny Brenners Vater sich von seiner Frau getrennt, wäre ihm sein Filmtheater nicht weggenommen worden! Als er schließlich zum Arbeitseinsatz der Organisation Todt einberufen werden sollte, hat ihn mein Vater vor diesem lebensgefährlichen Schicksal auf Grund eines medizinischen Gutachtens bewahrt – einer der vielen, denen er als Arzt auf ungewöhnliche Weise helfen konnte. Zwar hat er beim Mittagessen in Anwesenheit seiner Frau und der Kinder davon nicht gesprochen, wohl aber davon, daß er fanatischen und feigen Nazis, die Kränklichkeit simulierten, Atteste gerne verweigert hatte, begründet mit linientreuen Nazi-Argumenten: »Sie wollen doch unseren Führer und das Vaterland nicht im Stich lassen!« oder so ähnlich.

Wir wohnten einige Zeit in Blasewitz in der Schubertstraße 4, einem Haus, von dem heute kein einziger Stein mehr steht. Damals war ich nicht sehr weit von Henny Brenner entfernt, wir dürften sogar einige Male auf der Eisbahn in der Mitte des nahegelegenen Waldparks Schlittschuh gelaufen sein, wobei ich eher das junge Mädchen als sie den ungeschickten Eisläufer bewundert haben dürfte. Nach der Entlassung meines Vaters zogen wir 1935 in die Innenstadt, wo unsere Wohnung im gleichen Haus wie die Praxis in der Christianstraße 9 gelegen war. Von dort aus konnte ich oft die geliebte Altstadt – vor allem die Straßen rund um die Frauenkirche und den Altmarkt – durchstreifen, gelegentlich auch antiquarische Bücher entdecken.

An meinem Gymnasium, das den Namen eines sächsischen Königs (König Georg) trug, gab es vier jüdische Klassenkameraden. Als ich 1932 in die Sexta kam, waren die Lehrer zu allen gleichmäßig freundlich, zwei Jahre später änderten einige spürbar den Ton und machten sich auf gemeine Weise über den Namen des einen Juden, der Pfingst hieß, lustig. Die meisten von uns waren sprachlos und wußten nicht, warum dieser Zeichenlehrer, der bis 1933 als fortschrittlicher Anhänger der modernen Malerei angesehen worden war, sich auf einmal so verändert hatte. Bewundert haben wir ihn jedenfalls nicht. Im Unterschied zu ihm blieben übrigens konservative deutschnationale Studienräte eher sachlich und insgeheim kritisch gegenüber der »neuen Zeit«. Im Laufe der Jahre verließ einer der jüdischen Mitschüler nach dem anderen die Schule. Als der erste mit seiner Familie nach England reiste, beneideten ihn nicht nur seine jüdischen Kameraden.

Am meisten Freude hatten wir an einem alten Religionslehrer, der uns sarkastisch die barbarischen Gestalten der germanischen Frühzeit schilderte und von der humanen Größe antiker Göttergestalten unterschied. Mit meinem Klassennachbarn Wasser unterhielt ich mich im Sommer 1934 über die Gefahren, die wir mit dem bevorstehenden Tod des Reichspräsidenten Hindenburg heraufziehen sahen. Zwar überschätzten wir die korrigierende Einflußmöglichkeit des »alten Herren«, aber unsere Befürchtungen waren nicht ganz unbegründet.

Henny Brenner und ihre Eltern (nur der Vater brauchte den Judenstern nicht zu tragen) trafen unter ihren Mitbürgern meist auf Gleichgültigkeit, gelegentlich auch auf Feindseligkeit und – nur zu selten – auf hilfsbereite Anteilnahme. Unter der schrittweise zunehmenden Beengung – Verbot des Theater- und Kinobesuchs, des Sitzens auf Parkbänken, der Benutzung der Straßenbahn – und unter meist zu schwerer Arbeit haben sie jahrelang gelitten. Am meisten während der Jahre nach dem November 1938 und im Krieg.

Die Reichspogromnacht vom 9. auf den 10. November 1938 haben meine Eltern und die Kinder als einen weiteren Schritt in Richtung auf den totalen Unrechtsstaat erlebt. Diesmal konnte sich mein Vater auch der Familie gegenüber nicht zurückhalten. Empörend und zynisch nannte er die Behauptung des Reichspropagandaministers Goebbels, überall im Land hätten Deutsche spontan Synagogen angezündet, jüdische Geschäfte zerstört und geplündert, und zahlreiche Juden seien daraufhin von der Polizei (oder der SA?) verhaftet worden. Jeder, der halbwegs bei Verstand war, mußte erkennen, daß es sich um Gewalttaten handelte, die von »oben« angeordnet, geplant und koordiniert worden waren. Zum Vorwand diente die Verzweiflungstat eines jungen Juden, Herschel Grynszpan, der aus Protest gegen die Abschiebung seiner Eltern nach Polen in Paris auf den Diplomaten vom Rath geschossen hatte. Um die Tat gewichtiger zu machen, beförderte man den Getöteten posthum.

Die Dresdner Synagoge war ein architektonisches Kleinod, von dem gleichen Architekten wie die Oper – Gottfried Semper –, erbaut. Ein beherzter Feuerwehrmann hat den Stern vom Turm der Synagoge damals gerettet und in Sicherheit gebracht. An der Stelle der alten Synagoge steht jetzt ein moderner Bau, den Henny Brenner mir bei einer gemeinsamen Fahrt durch Dresden zeigen konnte. Viele Dresdner haben für den Aufbau der Frauenkirche aber auch für die neue Synagoge gespendet.

Zwischen 1941 und dem Kriegsende war ich immer nur für ein, zwei Wochen besuchsweise in Dresden, deshalb habe ich auch die berüchtigten Judensterne zum ersten Mal in Holland gesehen. Als ich das Rembrandt-Haus in Amsterdam aufsuchte, stellte sich heraus, daß es im »Judenviertel« lag. In einem Antiquariat beriet mich damals ein mit dem Davidstern gekennzeichneter Jude freundlich. Als ich drei Tage später wieder hinkam, war er verschwunden. »Man hat ihn in ein Arbeitslager nach Polen geschickt«, sagte mir der Inhaber und fragte, ob ich ihm nicht seine Adresse besorgen könne, er würde ihm gern etwas schicken. Ich zweifelte zwar an einer solchen Möglichkeit, versprach aber, mich zu erkundigen. Wie zu erwarten gab es keine Auskunft.

Im Sommer 1943 kam ich in einem Rigaer Hotel mit jüdischen Personen in Berührung, die als dienstbare Helfer angestellt waren. Einer bat darum, meinen Koffer aufs Zimmer tragen zu dürfen. So peinlich es mir auch war, von einem älteren Herrn bedient zu werden, ich mußte es zulassen. Vielleicht handelte es sich um einen der Dresdner Juden, von denen Henny Brenner schreibt, daß sie nach Riga deportiert wurden. Unmöglich, einem würdigen älteren Herrn ein Trinkgeld zu geben. Verlegen reichte ich ihm zum Abschied die Hand. Zu spät fiel mir ein, daß ein größeres Geldgeschenk – und als Soldat brauchten wir kaum Bargeld – ihm vielleicht geholfen hätte.

Ende 1944 wurde meine Einheit vom Baltikum nach Ostpreußen verlegt. Dort hörte ich am 14. Februar 1945 über eines unserer Funkgeräte, mit denen man Radiosendungen empfangen konnte, von dem Großangriff der Royal Air Force auf Dresden. Die Nazipropaganda sprach von »Terrorangriffen«, verschwieg aber genaue Opferzahlen. Bald schwirrten entsprechend übertreibende Gerüchte umher, und ich hatte natürlich Angst um das Leben meiner Eltern und Geschwister. Erst zwei Wochen nach dem Angriff erhielt ich endlich die Gewißheit, daß sie den Angriff – in unserem schwer beschädigten Wohnhaus – überstanden hatten, während die Praxis in der Innenstadt völlig unter Trümmern begraben lag.

Unter den vielen Toten, über die mein Vater berichtete, war auch einer seiner engsten Freunde, mit dem er offen über politische Dinge hatte sprechen können. In einem von Flammen erleuchteten Haus hatte Dr. Ruprecht noch mit seinen Angehörigen sprechen und ihnen Trost spenden können, bis er schließlich gestorben war.

Durch die Zerstörung bürokratischen Materials und das Chaos, das die Flucht ausgebombter Familien verursacht hatte, konnten einige, von den Nazis schon für die Deportation Vorgesehene im letzten Moment der Gefahr entrinnen. Zu ihnen gehörten auch Henny Brenners Familie und Victor

Klemperer. Einige politische Häftlinge konnten entkommen, weil ein Gefängnis getroffen worden war.

Der Eindruck des schrecklichen Bombardements auf Dresdner Antinazis war zweideutig: einerseits trauerten sie um die vielen Toten (heute nimmt man an, daß es 35.000 waren) und die Zerstörung historischer Gebäude, andererseits machte der Erfolg des Angriffs klar, daß der Krieg definitiv verloren war und das Ende der Naziherrschaft unmittelbar bevorstand. Die, denen es unter diesen Umständen gelang, sich der Gefahr der Verfolgung zu entziehen, hatten sogar Grund, dankbar zu sein. Mein Vater, der zwar »wehrunwürdig« erklärt worden war, aber als Leiter einer Luftschutz-Rettungsstelle vorbildlich gearbeitet hatte, berichtete mir nicht ohne leise Befriedigung, daß er 24 Stunden lang als Arzt gearbeitet und etwa 800 Verletzte und Rauchgeschädigte versorgt hatte. Während der Gauleiter Mutschmann sich in Sicherheit gebracht hatte, machte sich mein Vater, sobald die Bombardierung aufhörte, auf den Weg, um zu helfen.

Als ich zusammen mit Henny Brenner im vergangenen Jahr – auf Einladung des Deutschlandradios – durch unsere Stadt gezogen (gefahren) bin, kamen für uns beide die unterschiedlichen Erinnerungen wieder hoch: Hennys frühere Schule, in der jetzt Volksschüler ahnungslos herumspringen; der – an diesem Tag leider verschlossene – jüdische Friedhof, auf dem die Namen ihrer Großeltern auf einem Grabstein stehen; das Hauptgebäude meines Gymnasiums, das jetzt zum Klinikkomplex gehört und in dem ich den Platz entdeckte, an dem einmal eine Gedenktafel für die Gefallenen des Ersten Weltkriegs hing. Das im Stil von George Groz gehaltene Gemälde hatte der neue, 1934 eingesetzte Rektor entfernen und durch ein kitschiges Bild ersetzen lassen, das die »Frontgemeinschaft« herausstellen sollte. Ich fürchte, uns war damals noch nicht klar, was diese offizielle Verherrlichung des Krieges, durch die ein realistisches Kriegsbild verdrängt wurde, für uns bedeuten sollte. 1939 war der erste Mitschüler aus meiner Klasse in Polen gefallen. Meine Mutter brach anläßlich der Kriegsmeldungen in Tränen aus. Auf meinen Einwand, es seien ja doch nur relativ wenige Deutsche gefallen, meinte sie: »Ich trauere auch um die vielen toten Polen.« Eine gute Freundin meiner Eltern, die als Ärztin in Ludwigsburg lebte, hatte sich kurz vor dem Krieg mit einem polnischen Kollegen verlobt.

Wenn man heute vom Neustädter Ufer aus die Silhouette Dresdens erblickt, sieht es beinahe so aus wie vor dem Krieg. Bei näherer Betrachtung fehlen aber vor allem die schönen alten Wohnhäuser in den engen Gassen der Altstadt, die durch einen viel zu groß gewordenen Altmarkt verdrängt worden sind und nie wieder hergestellt werden können. Trauriger ist aber, daß die menschliche Seele der Stadt unter dem Verschwinden großer Teile des Bildungsbürgertums und vor allem seiner Juden gelitten hat. Erst unlängst traf ich in Berlin auf einen Angehörigen der Bankiersfamilie Arnhold, deren Mäzenatentum Dresden viel zu verdanken hatte. Ich erinnerte ihn daran, daß ich 1932 noch im Arnhold-Bad geschwommen bin, das dann durch die Nazis in Günzwiesenbad umgetauft wurde und seit 1947 wieder Arnhold-Bad heißt. Mein Vater berichtete einmal von den anregenden Vortragsveranstaltungen im Hause Arnhold und davon, welche interessanten Begegnungen er dort gehabt habe.

Das Bankhaus Arnhold-Bleichröder – jetzt in New York – weiß sich seiner Dresdner Herkunft verbunden und hat zum Wiederaufbau nicht nur der Synagoge beigetragen. Aber die neue jüdische Gemeinde besteht fast ausschließlich aus Kontingentflüchtlingen aus der ehemaligen Sowjetunion. Es wird noch einige Zeit dauern, bis die schwere Last der Vergangenheit nicht nur äußerlich, sondern auch innerlich abgetragen sein wird. Henny Brenners Geschichte erinnert an die Verluste.

Januar 2005
Iring Fetscher

Vorspiel in der Hölle

Den Bomben, die in jener denkwürdigen Nacht vom 13. auf den 14. Februar 1945 die Stadt Dresden dem Erdboden gleichmachten, verdanke ich mein Überleben. Was alles mußte passiert sein, daß ein Mensch im Angesicht des verheerendsten Untergangs, den eine deutsche Stadt je erlebte, innerlich aufatmen konnte? Was mußte im Kopf eines zwanzigjährigen Mädchens vorgehen, das die Zerstörung ihrer von Kindheit an vertrauten Umgebung als ihr eigenes Überlebenswunder betrachtete? Dies zu erzählen, will ich versuchen, beginnend mit jener Nacht, die für uns wie für alle Dresdner eine entscheidende Wende markierte.

Für meine Familie und die noch etwa hundertsiebzig in Dresden lebenden Juden sah diese Wende jedoch ein wenig anders aus als für die hunderttausend Menschen um uns herum. Für uns war es bereits seit zwölf Jahren Nacht, und zum ersten Mal sahen wir nun, inmitten des ungeheuerlichen Leids und Elends, den Tag heranbrechen. Wie alle in jenen Stunden dachte ich: Das ist Dantes Inferno auf Erden. Und doch wußte ich: Nur durch dieses Inferno können wir uns retten. Während die ganze Stadt weinte, jubelten wir. Auch unser Haus war ausgebombt, auch wir fürchteten, vom Flammenmeer eingeschlossen zu werden, auch wir erstarrten innerlich angesichts der verkohlten Leichenberge am Wegrand. Und dennoch, zum ersten Mal seit Jahren waren wir frei.

Auch wir liefen, die letzten Habseligkeiten in einen kleinen Rucksack gepackt, durch das brennende Häusermeer. Nur, daß in unserem Rucksack neben den persönlichen Dokumenten und Photographien, den wenigen Wertsachen und den mit einem großen »J« entwerteten Lebensmittelmarken noch etwas Zusätzliches verborgen war: ein von der Kleidung gerissener gelber Stern und ein grauer Deportationsbefehl. Zum ersten Mal nach über tausend Tagen prangte der gelbe Stern, der Passanten immer wieder zum Anspucken und Beschimpfen eingeladen hatte, nicht mehr auf unserer Brust. Neben ihm im Rucksack lag ein Dokument, datiert vom 12. Februar 1945, dem Vortag also. Absender war »Der Vertrauensmann der Reichsvereinigung der Juden in Deutschland für den Bezirk Dresden«. Neben meinem Vornamen Henny standen der obligatorische Zusatz Sara und dann die folgenden Worte: »Auf Anweisung der vorgesetzten Dienststelle, der Geheimen Staatspolizei Dresden, fordere ich Sie auf, sich Freitag, den 16. Februar 1945, früh 6.45 Uhr pünktlich im Grundstück Zeughausstr. 1, Erdgeschoß rechts, einzufinden. Sie haben damit zu rechnen, daß Sie außerhalb Dresdens zum Arbeitseinsatz kommen.« Natürlich wußten wir, daß Arbeitseinsatz KZ bedeutete. Und wir wußten, daß wir diesem Aufruf nicht Folge leisten würden. Gepäck und Marschverpflegung, hieß es weiter, solle man mitnehmen: »Es darf 1 Koffer oder 1 Rucksack (nicht beides) mitgenommen werden. Größe und Gewicht des Koffers oder Rucksacks dürfen die Maße eines Handgepäckstücks nicht übersteigen. Sie müssen damit rechnen, daß Sie das Gepäck eine größere Strecke Weges selbst tragen müssen.« Einpacken durfte man Bekleidung, Schuhwerk und Decke, nicht mitnehmen dagegen durfte man: »Wertpapiere, Devisen, Sparkassenbücher, Streichhölzer, Kerzen«.

»Nur ein Angriff kann uns retten«, sagte mein Vater. Wir waren fest entschlossen unterzutauchen. Doch hätte dies wenig Aussichten gehabt ohne das große Chaos, das der Angriff auslöste. Was mein Vater als letzte verzweifelte Hoffnung ausgesprochen hatte, sollte sich bewahrheiten. Allerdings viel schlimmer, als es irgend jemand von uns sich hätte vorstellen können. Einige der wenigen Juden, die von der einst stattlichen Gemeinde mit 6000 Mitgliedern in Dresden verblieben waren, konnten sich nicht mehr freuen. Denn auch eines der sogenannten Judenhäuser, in dem sie untergebracht waren, fiel dem Angriff zum Opfer; sie erstickten im Keller des Hauses. Das wußten wir noch nicht, als wir uns weiter durch die Straßen kämpften, vorbei an zerbombten Brücken, uns an den Elbwiesen niederwarfen. Wir hörten, daß die Gestapo brannte und jubelten: »Nun sind alle unsere Akten vernichtet!« Wir konnten nicht ahnen, daß die Gestapobeamten unsere Akten vorher ausgelagert und in Sicherheit gebracht hatten. Auch in diesen Stunden, in denen unzählige Menschen verbrannten, hatten sie nichts Besseres zu tun, als die letzten Juden aufzuspüren. Zwölf Jahre des Schreckens waren vorbei, doch die schlimmsten drei Monate sollten uns noch bevorstehen.

Die Mischpoche

Die Stadt, die ich verbrennen sah, hatte einstmals als Zuflucht für meine Großeltern mütterlicherseits gedient. Im Jahre 1892, nach der Ermordung des Zaren Alexander II. und den dadurch ausgelösten antijüdischen Pogromen, hatten sie Rußland verlassen. Im Zug war die Familie Katzenbogen mit ihren sechs Kindern von Minsk nach Dresden gekommen. Ihnen vorangegangen waren zwei befreundete Familien, die Regenbogens und die Katzenellenbogens. Regenbogen, Katzenellenbogen und Katzenbogen – das sollte noch lange für Gelächter im Familienkreis sorgen.

Auch die Vornamen lieferten den nachfolgenden Generationen noch lange Gesprächsstoff. Eigentlich hieß meine Mutter – die jüngste der sechs Katzenbogenkinder – Schosche, eine jiddische Koseform für Schoschana. »Schosche, me schießt« hatten ihre Brüder gerufen, als sie sie kurz vor der Abreise während eines Pogroms aus dem Haus zerrten. Schosche mag man im Schtetl heißen, aber nicht in Deutschland. So machten die deutschen Behörden aus Schosche kurzerhand Sascha – einen russischen Männernamen! Damit zog sie bei den Ämtern immer wieder ungläubige Blicke auf sich, und als die Rote Armee uns 1945 befreite auch Verdacht. Sascha, geboren in Minsk, da hieß es gleich: »Du Spion!« Ihr zweiter Name war Rebecca, aber das reichte der Familie nicht, als sie nach Deutschland kam. Weder Rebecca noch Schosche noch Sascha waren deutsch genug; so wurde der Familienrat einberufen, der entschied, in Deutschland müsse man einen deutschen Namen haben. Man einigte sich nach längerem Hin und Her schließlich auf Frieda, was zwar nichts mit ihrem eigentlichen Namen zu tun hatte, aber damals eben besonders modern war. Den Nazis war das noch immer nicht genug, 1938 kam zu Schosche, Sascha, Rebecca und Frieda auch noch das obligatorische Sara hinzu.

Meine Mutter war natürlich nicht die einzige, deren Namen man germanisierte, bevor die Nazis wieder einen biblischen Zusatz forderten. Meine Tante Anna war in Rußland auch nicht als Anna auf die Welt gekommen, sondern als Chaje. Tante Pauline hieß eigentlich Pessel, ihr Mann Max war Menasche, und so ging es quer durch die ganze Familie. Da meine Großmutter vor meiner Geburt nicht mehr am Leben war, sollte ich, wie es üblich ist, ihren Namen erhalten. Aber Chane Gitel, das ging in Dresden beim besten Willen nicht. Also tagte wieder der Familienrat mit meiner Mutter alias Frieda und Pessel alias Pauline. Was für sie recht war, konnte für mich nur billig sein. Aus Chane Gitel wurde nach kurzer, aber lebhafter Diskussion Henny Kitty. Doch noch sind wir ja gar nicht bei mir angelangt.

Der Großvater, aus der Tabakbranche stammend, arbeitete in Dresden zuerst als »Tabakschneider«. Dann gründete er eine kleine Zigarettenfabrik, wie viele der russisch-jüdischen Einwanderer, deren Firmen so exotisch klingende Namen wie »Kasaky« oder »Yramos« bekamen, obwohl sie selbst im bürgerlichen Leben Lande oder Lewin hießen. Man drehte die Papirossi noch mit der Hand und schnitt mit einer kleinen Handmaschine die überstehenden Enden weg. Scheinbar florierte das Geschäft der Großeltern nicht schlecht, denn sie lebten in einer komfortablen, großen Wohnung. In ihrem Wohnzimmer erinnerte der Samowar, der den ganzen Tag benutzt wurde, an ihre Herkunft. Tee wurde immer getrunken. Angeblich hat bereits meine Mutter, die bei der Fahrt aus Minsk zwei Jahre alt war, im Zug dauernd »Tschai« gerufen und dies später als eines der wenigen russischen Wörter behalten.

Die Großeltern waren, wie man in jüdischen Kreisen sagte, eine bekowete (ehrbare) Familie. Ihr Lebensstil war traditionellreligiös, aber nicht übertrieben fromm. Es muß ein sehr gastfreundliches Haus gewesen sein. Tante Anna, die älteste der sechs Geschwister, erzählte, daß in dieser Wohnung ein ständiges Kommen und Gehen herrschte. Freunde, meist russische Emigranten, klingelten ohne Voranmeldung an der Türe, auch noch spät in der Nacht. Sie wurden stets freundlich aufgenommen und gut bewirtet. Großmutter führte eine koschere Küche, und wenn man dem Kantor Hofstein, dessen Baritonstimme nicht nur durch den synagogalen Vortrag der Melodien Sulzers und Lewandowskis, sondern auch für seine Schubertlieder bekannt war, Glauben schenken darf, machte sie die besten Gefilte Fisch in Dresden. In dem großen Speisezimmer auf dem langen Büffet gab es den ganzen Tag warme und kalte Speisen, man brauchte sich nur bedienen. Marinierter Hering, Fleischküchlein, Salzgurken, Honigkuchen und

Foto rechts: Meine Mutter (l.), Eia, unser Kindermädchen, und ich im Großen Garten, 1925

Meine Eltern, 1920

viele andere Spezialitäten. Selbstverständlich alles von Großmutter hergestellt. Wenn auf der Anrichte etwas fehlte, kam gleich Nachschub aus der Küche. Meine Mutter erzählte mir später von den vielen Gerichten, die sie zu Hause aß, aber nicht mehr kochen konnte. Sie hätte nur noch den Geschmack auf der Zunge, sagte sie. Es wundert mich nur, wie Großmutter alles mit Hilfe einer Hausangestellten schaffte. Schließlich hatte sie ja sechs Kinder zu versorgen. Leider sind alle Photographien der Großeltern während des Bombenangriffs verbrannt, aber ich erinnere mich noch genau an ein bräunliches Papier, das den Großvater im Seidenmantel zeigt, mit einem nerzverbrämten Streimel (Pelzhut) auf dem Kopf.

Als meine Mutter eines Tages meinen Vater mit nach Hause brachte, waren die Großeltern erst gar nicht begeistert. Gewiß, auch er kam aus einer bekoweten Familie und arbeitete seit fünfzehn Jahren in guter Stellung bei der Dresdner Bank. Aber konnte sie denn niemanden aus einem jüdischen Haus finden? Zuerst hatte eine Tochter einen »Galizianer« geheiratet, die bei den russischen Juden nicht sehr beliebt waren, und nun kam die jüngste mit einem Goj, einem Nichtjuden daher! Kennengelernt hatten sich die beiden beim Tanztee, zu dem meine Mutter noch mit ihren Eltern ging, wie das damals so üblich war. Das muß am Vorabend des Ersten Weltkriegs gewesen sein. Es gab bei diesen gesellschaftlichen Veranstaltungen keine Trennung nach Konfessionen. Sie waren dann sehr lange befreundet, vielleicht fünf oder sechs Jahre, bevor sie heirateten. Denn anfangs waren ihre Eltern, wie gesagt, gar nicht begeistert, und mein Vater wollte wegen des Kriegs nicht heiraten. Zwar war er vom Wehrdienst zurückgestellt, doch hatte er Angst, später noch eingezogen zu werden und wollte keine Witwe zurücklassen. Die Katzenbogens fanden aber bald Gefallen an meinem Vater, besonders nachdem er bereitwillig erklärte, daß er und meine Mutter die gemeinsamen Kinder in der jüdischen Religion aufziehen würden. Dies geschah auch so, wenngleich es bei einem Kind blieb. Religion war meinem Vater, der selbst in einem liberalen protestantischen Haus aufgewachsen war, nicht wichtig. Damals fragte ja auch niemand in diesen Kreisen danach. Im Jahre 1920, in dem meine Eltern heirateten, kamen auf zwei rein jüdische Ehen eine Ehe zwischen Juden und Christen. Daß uns die protestantische Herkunft meines Vaters später das Leben retten würde – auf diesen Gedanken kamen meine Eltern damals selbstverständlich nicht. Eine Kriegswitwe zu werden, diese Angst hätte meine Mutter im Übrigen nicht zu haben brauchen. Es gelang meinem Vater, während der gesamten Kriegsjahre nicht eingezogen zu werden.

Silberhochzeit meiner Großeltern väterlicherseits, mit Tante Grete und meinem Vater

Er haßte das Militär und verabscheute die damalige Kriegsbegeisterung. »Ich nehme doch kein Gewehr in die Hand, um jemanden zu töten«, erklärte er meiner Mutter und setzte alles daran, sich um den Dienst an der Waffe zu drücken. Bei der Musterung täuschte er ein Herzleiden vor, indem er kurz vorher Unmengen von starkem Kaffee in sich hineinpumpte. Er wurde vorerst zurückgestellt. Bei der nächsten Musterung verschwand er vorübergehend aufs Land zu Freunden. Aus dieser Zeit existieren noch Karten an seine Schwester und Mutter, in denen er ihnen mitteilt, er wisse nicht, wann er wieder nach Hause kommen könne. Jedenfalls hat er es bis Kriegsende geschafft, Zivilist zu bleiben. Noch vor seiner Hochzeit im Jahre 1920 hat mein Vater den Bankberuf aufgegeben und in der Alaunstraße mit zwei Teilhabern zwei Häuser mit einem Kino erworben. Das heißt, eigentlich hat er sie als Verlobungsgeschenk 1919 meiner Mutter vermacht, denn nur ihr Name taucht im Grundbucheintrag neben den anderen beiden (nichtjüdischen) Teilhabern auf.

Vier Jahre nach der Hochzeit kam ich auf die Welt. Von hinten. Zu einfach wollte ich es meinen Eltern schon bei der Geburt nicht machen. Steißgeburten gingen damals oft schlecht aus, doch die Ärztin, auf die meine Mutter bestand (sie wollte partout keinen Frauenarzt aufsuchen), brachte alles problemlos über die Bühne.

Wir wohnten in einer Jugendstilwohnung in der Nähe des Großen Gartens. Meine ersten Erinnerungen sind Spaziergänge im Großen Garten, das Füttern der Eichhörnchen und die Familienbesuche. Mein Vater nahm mich oft zu seiner Mutter mit, sie wohnte direkt über unserem Kino in einer Mansardenwohnung, mietfrei bei ihrem Sohn, versteht sich. Eine herzensgute Frau, die allen Leuten stets etwas zu schenken pflegte. Mir natürlich auch, ich war ja ihr einziges Enkelkind. Mein Vater hatte zwar noch eine Schwester, doch sie heiratete nie und blieb kinderlos. Wenn ich zu meiner Oma hochging, roch es schon auf der Treppe nach gebratener Kalbsleber, Kartoffelbrei und braunen Zwiebeln. Besonderes Vergnügen bereitete mir der Zeisig in seinem Käfig, den ich mit Salatblättern und langen Körnerstangen füttern durfte. Oma verstand sich auch mit meiner Mama gut. Nach der Heirat gab es von keiner Seite irgendwelche Bedenken wegen der anderen Religion. Auch Tante Grete, die Schwester meines Vaters, war mit einem Juden liiert, konnte ihn aber wegen der Nürnberger Gesetze nicht mehr heiraten. Onkel Leo, wie ich ihn nannte, hatte eine Fabrik, in der er Sargdecken herstellte, was ihm ein nicht unbeträchtliches Vermögen einbrachte. Für ihn selbst sollte es jedoch keine Sargdecke, nicht einmal einen Sarg geben. Grete konnte Onkel Leo keinen Schutz bieten, da sie im Gegensatz zu meinen Eltern nie geheiratet hatten. Er wurde deportiert und wohl in Auschwitz vergast. Tante Grete war bildschön und ich liebte sie abgöttisch. Es kursierten einige Geschichten über sie. Ein Graf hätte sich einmal für sie ruiniert, Spielschulden gemacht und sich eine Kugel in den Kopf gejagt. Daraufhin verließ sie Dresden; mein Vater war erbost und »schob sie ab«. Darüber sprach man aber nicht viel. Ich habe oft meine Schulferien bei ihr in Berlin verbracht. Wir fuhren zum Wannsee und gingen ins KaDeWe einkaufen. Einmal kochte sie »Aal grün«. Ich sehe es noch vor mir, wie sie den Topfdeckel hob und ihr das Vieh entgegensprang. Sie schrie fürchterlich, und mein Vater schüttete den ganzen Topfinhalt ins Klo.

Meine Mutter hatte eine größere Familie als mein Vater. Nicht alle ihrer Geschwister blieben in Dresden, zwei der Brüder gingen bald weiter ins Ausland. Onkel Willy nach England, wo er eine Familie gründete – kennengelernt habe ich sie nur auf Bildern und Briefen. Dafür hatten wir immer guten Kontakt zu einem anderen Bruder meiner Mutter, Onkel Max, der auf Suche nach Arbeit in Dänemark landete. Er arbeitete in Kopenhagen als Juwelier. Ihn traf ich einmal, als er uns, begleitet von meiner Cousine Esther, kurz vor Ausbruch des Zweiten Weltkriegs besuchte.

Doch auch in Dresden hatte meine Mutter eine große Familie. Jede Woche ging ich mit meiner Mutter zu Tante Pauline. Ihr Mann, Max (eigentlich Menasche) Rauch, hatte ein Kluftengeschäft: Hojsen und Marinarkes (Jacken), wie man auf jiddisch sagt. Es war in der Großen Brüdergasse, hinter dem Postplatz. Eigentlich kein richtiger Laden, sondern ein »Gewölb« im Keller. Dort roch es immer mufflig, und ich ging nicht gerne hinein. Onkel Max war ein guter Mann, hatte aber ein großes Handicap: Er kam aus Galizien, und das paßte meinen Großeltern gar nicht. Die »Litwakes«, wie man die Juden aus Weißrußland und Litauen nannte, blickten nämlich herab auf die »Galizianer«. Auch mit den Jeckes, den deutschen Juden, vertrug man sich nicht so besonders. Die Rauchs waren aber nicht arm, Onkel Max hat mit den »Hojsen« ganz gut verdient. Papa imitierte im Spaß immer, wie dort verkauft wurde: Wenn's Jacketel nicht saß, zerrte man

Die Familie Rauch: Cousin Alfred, Tante Pauline, Onkel Max (v. l.), um 1938

den Kunden vor einen Spiegel, hielt hinten zusammen – und schon hat es vorne gepaßt; dann drehte man ihn schnell um, hielt vorne zusammen – und schon paßte es hinten. Papa erzählte auch, daß in der Jackettasche angeblich ein Markstück lag, was damals gar nicht wenig Geld war. Wenn die Kunden vom Land dann beim Anprobieren in die Taschen griffen, kauften sie die Jacke schnell. Die eine Mark war natürlich längst auf den Preis aufgeschlagen. Ob das so stimmte, bezweifle ich, jedenfalls traute mein Vater es Onkel Max zu. In der »guten Zeit« hat er sich oft über Onkel Max aufgeregt, weil er so geizig war. Nicht einmal eine richtige Wohnung leisteten sie sich, sondern wohnten direkt über dem Kellergewölbe. Öffnete man die Wohnungstür, stand man gleich mitten in der Küche. Meine Tante war nicht groß, und wenn ich kam, kletterte sie rasch auf die Fußbank, machte die oberste Tür des braunen Küchenbuffets auf und holte mir eine kleine Ecke Schokolade heraus. Dann legte sie den Rest der Tafel zurück, schloß sorgfältig ab und versteckte den Schlüsselbund in ihrer Schürzentasche. Mein Vater giftete immer, nicht einmal eine Tafel Schokolade schenkt man dem Kind. Von der Küche aus führte ein langer Gang zum Zimmer meines Cousins Alfred. Eine Art Lichtschacht, den ich immer unheimlich fand. Mein Vater ging nie mit in die Wohnung der Rauchs, war allerdings meiner Mutter zuliebe dabei, wenn wir gemeinsame Sonntagsausflüge mit ihnen unternahmen. Wir fuhren zumeist mit der Linie 11 bis Bühlau und marschierten durch den Wald in die »Totenmühle«. Dort waren unter großen, alten Kastanien lange Tische aufgestellt, also eine Art Biergarten. Man bestellte Malzbier in hohen Gläsern mit einem langen Holzlöffel. Es kamen immer viele Bienen, und ich dachte, die Holzlöffel dienten dazu, die Bienen zu erschlagen. Die Pakete mit »Bemmen« brachte jeder selber mit. Das war dort erlaubt, und deswegen fuhren die Rauchs auch immer dorthin. Mein Vater setzte eine saure Miene auf und ich langweilte mich. Meine Cousins, Alfred und der Sohn einer Schwester von Onkel Max, ärgerten mich ständig. Das Schönste am ganzen Ausflug war für mich die lange Bahnfahrt.

Alfred war der ganze Stolz der Familie. Er besuchte das Gymnasium und studierte später Zahnmedizin. In der Nazizeit ging er nach Berlin an die Charité und als er dort nicht mehr arbeiten durfte an das jüdische Krankenhaus. Seine Eltern kauften ihm eine komplette Zahnarztausrüstung, die später bei uns im Keller versteckt war. Ich sehe noch die Kisten vor mir stehen, die dann den Bomben zum Opfer fielen. Doch da waren die Rauchs mitsamt Alfred schon längst nach Auschwitz deportiert worden. Gehört haben wir nie wieder etwas von ihnen.

Mit meiner achtzehn Jahre älteren Cousine Paula und ihrer Mutter, Tante Anna, waren wir am häufigsten zusammen. Anna war nach ihrer Hochzeit mit dem aus der Gegend um Kalisch stammenden und ebenfalls in der Tabakbranche tätigen Jakob Goldberg auf der Suche nach Arbeit zuerst nach

Holland, dann nach England gegangen. Es gab viele tragische Ereignisse in dieser Familie. Ein Verwandter, Willy Goldberg, fiel gleich zu Beginn des Ersten Weltkriegs, nachdem er sich als junger Freiwilliger gemeldet hatte. Sein Name steht ganz oben auf dem Gedenkstein für die Gefallenen aus dem Ersten Weltkrieg, der noch heute auf dem jüdischen Friedhof in Dresden zu sehen ist. Zu diesem Zeitpunkt war Anna schon wieder zurück in Dresden, denn ihr Mann war selbst jung an einem Herzschlag in Manchester verstorben, wohin sie kurz vorher gezogen waren. So kam sie mit der kleinen Paula und dem drei Jahre älteren Willy (ein Mädchen war an Diphtherie gestorben) nach Dresden zurück und war auf die Unterstützung der anderen Familienmitglieder angewiesen. Sie zogen in die große, alte Wohnung meiner Großeltern in der Dürerstraße. Ein langer schmaler Korridor, das gute Zimmer mit dem grünen Plüschsofa, auf einem kleinen Tisch ein altes Grammophon mit Lautsprecher, ein Trichter mit Handkurbel. Paula arbeitete später in dem bekannten jüdischen Modehaus Rehaut auf der Prager Straße. Dort bediente sie die Mutter von Richard Tauber und die von Wilhelm Furtwängler. Herr Rehaut begrüßte sie immer mit »Frau Furchtwängler« und erzählte von seinen Ausflügen an den »Wannensee«. Anfänglich kauften auch die Nazibonzen noch dort ein, die Frauen vom späteren Gauleiter Mutschmann und von Baldur von Schirach. Sie ließen sich mit Vorliebe von Fräulein Goldberg beraten. Das hat später alles recht wenig genützt. Die Rehauts mußten mit ihrem Geschäft zuerst in eine kleine Nebenstraße umziehen und emigrierten dann nach Argentinien. Dort waren sie gar nicht so weit entfernt von meiner Cousine Paula, die nach Bolivien ging. Doch damals wußte Paula noch gar nicht, wo Bolivien überhaupt liegt.

Kindheitsimpressionen

Meine Eltern führten das übliche bürgerliche Leben. Von der Wohnung in der Nähe des Großen Gartens waren wir in eine kleine Villa in der Deutschen Kaiserallee gezogen, die heute den sympathischeren Namen Mendelssohnallee trägt. Über uns wohnten zwei alte Jungfern mit ihrem Bruder, denen das Haus gehörte. Der etwas zurückgebliebene Bruder erledigte die Hausmeisteraufgaben, kehrte die Straße, arbeitete im Garten und holte mir das Obst von den Bäumen, auch wenn es noch nicht reif war. Ich aß es natürlich, bekam Bauchweh und obendrein gab es Gezanke.

Gegenüber wohnte Sanitätsrat Dr. Ibner, ein richtiges Unikum, immer mit wollenen Kniestrümpfen, Knickerbockern und einer großen, braunen, abgeschabten Hebammentasche. Er fuhr nur mit dem Rad zu seinen Patienten. Mein Vater und Ibner saßen oft im Herrenzimmer und tranken zusammen ein Gläschen oder auch mehr. Das Herrenzimmer, das war eine große braune Ledergarnitur, tiefe Sessel und ein runder Tisch mit grünmarmorierter Platte und geschnitztem Fuß. Außerdem ein Bücherschrank und ein Schreibtisch, alles in reich geschnitztem, dunklem Holz. Mama konnte Dr. Ibner nicht leiden, er war ihr zu derb. Mich wollte er abhärten, der alte Kneippianer, denn ich war immer so blaß, und alle nannten mich die Mondscheinprinzessin.

Meine Mama bestand darauf, daß ich recht lange aus der Milchflasche trank. So hätte sie wenigstens eine Kontrolle, wieviel ich trinken würde, meinte sie. Sie mußte es ja wissen, denn eine der beliebtesten Familiengeschichten erzählt, daß sie noch im Alter von zwei Jahren von ihrer Mutter gestillt wurde. Sie nahm sich eine kleine Fußbank und kletterte allein zur Brust ihrer Mutter. Daß ich die Flasche aber noch bekam, als ich bereits in die Volksschule kam, war eine Schande. Man erzählte mir später, ich sei immer angezogen auf der Chaiselongue gelegen, neben mir der Schulranzen, und habe an der Milchflasche genuckelt. Eines morgens klingelte es und das Mädchen öffnete die Tür, ohne daß ich es bemerkte. Es war eine Schulfreundin, die mich abholen wollte und die Flasche neben mir sah. Ich habe mich furchtbar geschämt und mich von diesem Zeitpunkt an lange geweigert, überhaupt noch Milch anzurühren. Die gab ich lieber den kleinen, halbverhungerten Katzen, die ich mit nach Hause brachte. Oder ich kaufte ihnen aus meiner Sparbüchse Gehacktes, das sie im Handumdrehen verschlangen. Dann wandte ich all meine Überredungskraft auf, daß das Hausmädchen noch einmal ging und etwas kaufte. Frühmorgens waren die Katzen immer verschwunden, mein Vater hatte sie in den Garten gebracht. In der Nacht hatten sie nämlich an den schönen Peddigrohrmöbeln in der Diele geknabbert.

Auf einem der Sessel dort saß mein Bärchen. Mit Puppen habe ich nicht so gerne gespielt. Nur eine hatte ich immer bei mir, eine ganz alte, die mein Großvater einst für meine Cousine Paula in der Lotterie gewonnen hatte. Sie hatte noch Kugelgelenke und reckte ihre Arme immer weit in die Luft. Mein Vater nannte sie das Maschinengewehr, und ich war schwer beleidigt. Außerdem hatte sie eine abgeschlagene Nase, sie war ja aus Keramik. Mit ins Bett nehmen durfte ich sie nicht, denn dafür war sie zu hart. Also nahm ich meinen Bären Jumbo mit, den mein Cousin Willy auf der Dresdner Vogelwiese gewonnen hatte. Die Dresdner Vogelwiese war eine Art Oktoberfest. Ich ging dort nicht so gerne hin, aber ein wenig neugierig war ich doch. Mein Papa nahm mich gleich auf die Schultern, damit ich nicht getreten wurde. Es gab Geisterbahn, Riesenrad, Luftschaukeln und Drehorgeln, klebrigen türkischen Honig und Fässer mit Salzgurken. Die wollte ich

Mein Vater und ich am Pirnaischen Platz, 1927

essen, bekam sie aber nicht, weil mein Vater davon überzeugt war, die Verkäufer würden sich darin ihre Hände waschen.

Mein Vater war, wie es unter Männern damals so üblich war, zu Hause überhaupt nicht in der Lage, sich alleine zu versorgen. Meine Mutter erzählte, wie er, als sie einmal für ein paar Tage wegfuhr und das Mädchen Ausgang hatte, sämtliches schmutzige Geschirr in die Badewanne stellte und diese bis obenhin mit Wasser vollaufen ließ. Das war seine Art, Geschirr zu spülen.

Sonntags nahm mich Papa oft in den Großen Garten mit, denn das Mädchen hatte frei und Mama kochte. Das hat sie übrigens auch sonst nie den Mädchen überlassen. Wir fuhren unterdessen mit der Pferdedroschke. Papa hatte Zeitungen gekauft und ging ins Café Pollender. Dort gab es als zweites Frühstück eine Bouillon und ein Pastetchen. Gegenüber am Palaisteich konnte man Schwäne füttern. Dann ging es wieder zurück nach Hause. Ich war wahnsinnig stolz, mit meinem

Vater in den Großen Garten gehen zu dürfen. Nur konnte ich nie ruhig gehen. Dauernd fiel ich in Pfützen oder auf spitze Kieselsteine. Einmal, als mein Vater nicht mit der Pferdedroschke zurückfahren wollte, warf ich mich mit meinem Sonntagskleid in den Sand und fing an zu brüllen. Ich weiß noch, wie die Leute vorbeigegangen sind und indignierten Blickes meinem Vater zuriefen: »Der würd' ich aber den Hintern versohlen.« Das tat mein Papa natürlich nicht. Ein andermal steckte ich auf der Suche nach einer Muschel bis über die Knöchel im Schlamm, als der Teich ausgelassen war. Meine roten Schuhe sind darin geblieben und ich lief barfuß nach Hause. Am liebsten lief ich, als wir in Blasewitz wohnten, im Waldpark Schlittschuh. Die Kufen mußte man sich mit einem Schlüssel an die Schuhe schrauben. Diesen bekamen wir an einer Schnur um den Hals gehängt, denn wenn man ihn verlor, gingen die Dinger nicht mehr ab. Einer Freundin von mir ist das auch einmal passiert. Die älteren Damen fuhren auf dem Eis mit »Stuhlschlitten«, richtigen Stühlen mit Kufen daran. Es gab auch eine Bude mit Glühwein und Süßigkeiten, wie »Nabos«, eine Art Türkischer Honig mit Schokoladenüberzug. Besonders schön waren die »Petersburger Nächte«, da wurde die Eisbahn beleuchtet, es spielte Musik und man tanzte Walzer.

Waschtag

Zu meinen nachhaltigsten Kindheitserinnerungen gehören die Waschtage. Dieser ereignisreiche Tag kam alle vier Wochen vor. Damals wusch man nicht zweimal in der Woche. Vor allem gab es keine elektrische Waschmaschine, sondern eine mit zwei Beinen, die hieß Waschfrau. Bei ihren Kunden hatte sie einen festen Termin und kam je nach Vereinbarung einmal im Monat aus Hosterwitz, einem Vorort von Dresden. Im Sommer kutschierte ihr Mann den Wagen am Abend wieder zurück, denn sie blieb ja den ganzen Tag, um Wäsche zu waschen. Im Winter, wenn man die Wäsche nicht im Freien trocknen konnte, holte sie sie manchmal ab und brachte sie gewaschen und getrocknet zurück. Meistens aber haben wir sie bei uns auf dem Dachboden getrocknet. Da hingen dann steif gefrorene Männerunterhosen und zu Brettern erstarrte Bettwäsche auf der Leine. Mein Papa nannte die Waschfrau das »eiserne Pferd«, weil sie so groß und stark war wie eine Bavaria. Sie trug ihr blondes Haar zu einem Knoten gebunden, hatte Hände wie ein Kommißbrot, war rotwangig und vollbusig. Als erstes bekam sie ein Frühstück serviert. Das machte unser Mädchen mit mürrischer Miene, denn sie fand, es sei unter ihrer Würde, die Waschfrau zu bedienen. Den ganzen Tag lief sie mit Riesenkaffeekannen aus Steingut und Bergen von belegten Broten in der Küche herum und schrie nach der Waschfrau, sie solle heraufkommen. Mittags gab es an solchen Tagen stets Eintopfgerichte. Ich war wohl am meisten von allen aufgeregt und hatte schon alles vorbereitet. Puppenkleider, Bärlis Sachen, eine kleine hölzerne Wanne mit einem kleinen Waschbrett. Dauernd wurde ich herumgeschubst und stand allen im Wege. Man band mir eine blaue

Schürze um, und ich bekam tausend Ermahnungen für dieses gefährliche Unternehmen. Das Mädchen, die »Eia« (eigentlich hieß sie Elisabeth), half auch in der Waschküche. Widerwillig zwar und unter großem Gezeter mit dem »eisernen Pferd«, das dann aber immer siegte. Das ganze Haus stank nach Kernseife, und wenn man die Treppe zum Keller hinunterging, stieg einem schon der Dampf entgegen. Die Waschküchentüre zu öffnen war immer ein Wagnis. Ich stand da, kleine Holzpantoffeln an, Haare hochgesteckt und schwer beladen mit der Wanne, Waschbrett und den Puppensachen. Eia, sonst immer sehr lieb zu mir, brummte mich an. Das störte mich aber gar nicht, ich durfte ja mitmachen. Mein Papa pflegte am Waschtag nicht nach Hause zu kommen, er hatte stets »wichtige Geschäfte« in der Stadt zu erledigen. Es reichte ihm, wenn am Abend noch der Seifengeruch im Haus zu riechen war.

Der Waschvorgang glich einem heiligen Ritual und wehe, wenn das Mädchen etwas durcheinanderbrachte. Tagelang vorher suchte meine Mama mit Eia alles Waschbare zusammen. Berge türmten sich in der Waschküche. Am Abend zuvor wurde die Wäsche in riesigen Bottichen mit kaltem Wasser und einem besonderen Mittel über Nacht eingeweicht. Der erste Gang war dann, die Stücke gut auszuwinden, aufzuschütteln und in den großen Kessel mit dem kochenden Wasser zu werfen. Diesen mußte Eia bereits eine Stunde vorher in der Waschküche heizen. Das Seifenpulver war bereits darin. Besonders verschmutzte Stellen wurden vorbehandelt, Kragen und Manschetten mit Kernseife eingerieben. Der Kessel war in einen viereckigen, steinernen Ofen eingemauert, unten konnte man eine Türe öffnen zum Einschüren. Es brodelte und dampfte, vielleicht eine halbe Stunde lang. Man durfte das Feuer im Kessel nicht ausgehen lassen, selbst bei hochsommerlichen Temperaturen. Jetzt kam das Allergefährlichste: Die Wäsche mußte mit zwei langen Holzlöffeln – mir erschienen sie immer wie Ruder – herausgefischt werden. Bei dieser Prozedur riß mich Eia förmlich aus der Waschküche. Ich glaube, sie war ganz froh, einen Grund zum Rausgehen gehabt zu haben. Das kochende Wasser hätte ja auch spritzen können. Aber das »eiserne Pferd« war immer vorsichtig und entwickelte eine Geschicklichkeit, die man diesem Koloß nicht zugetraut hätte. Nie ist etwas passiert. Nachdem die Wäsche ausgekühlt war, wurde sie bearbeitet: zuerst auf dem Waschbrett ausgebreitet, das in einem Bottich stand. Oben am Brett war eine Ablage für die Kernseife und die Bürste, und los ging es. Einseifen, schrubben, gegen das Licht halten, um zu prüfen, ob es sauber war. Stück für Stück und alles umgedreht von der linken Seite nochmals. Zuerst kam Leibwäsche dran, dann Bettwäsche, dann Tischwäsche. Da man nicht alles in einen Kessel werfen konnte, wiederholte sich der Vorgang. Das Seifenwasser wurde nicht weggeschüttet, es wurde zum Waschen der dunklen Sachen wiederverwendet. Für die Kochwäsche von Schürzen und anderem dunklen Zeug brauchte das Wasser nicht mehr so stark zu kochen. Socken wurden auch gleich mit der Hand in dem Seifenwasser gewaschen.

Die Hauptsache war das Spülen. Nach dem Schrubben wurde die Wäsche erst einmal gut ausgewunden. Das konnte keiner von uns, nur die Waschfrau. Sie drehte und drehte die Wäsche so stark, bis schließlich kein Tropfen Wasser mehr darin war. Dann wurde alles in großen Wannen noch einmal von der Seife ausgekocht, zweimal heiß und einige Male kalt gespült. Natürlich danach immer wieder ausgewunden. Am Ende kam Mama in die Waschküche und befingerte jedes Stück, ob auch ja keine Seife mehr darin war. Man wußte damals schon, daß das nicht gut sei für die Haut.

Ich hatte inzwischen meine Puppensachen fest geschrubbt. Leider hielten sie dies nicht aus, so daß wir gleich neue kaufen mußten. Natürlich war ich danach immer richtig naß, und unter großem Geschrei zerrte Eia mich nach oben, um mir trockene Sachen anzuziehen. Das gelang ihr nur mit dem Versprechen, mich mit auf die Wiese am Haus zu lassen, wo die Wäsche gebleicht wurde. Wäsche, aus der die Flecken nicht völlig verschwunden waren, wurde in Körben auf die Wiese geschleppt und in der Sonne ausgebreitet. Komischerweise schien an einem Waschtag immer die Sonne, zumindest in meiner Erinnerung. Die Wäsche war zwar meist noch naß, wurde aber trotzdem erst noch einmal gegossen. Ich hüpfte dann mit nackten Füßen auf der Wäsche herum. Danach kam sie wieder in den Kessel und wurde ein zweites Mal gekocht. Wahrscheinlich hatte sie inzwischen grüne Flecken vom Gras.

Bis gegen drei Uhr nachmittags war alles gewaschen, das Aufhängen und Trocknen war dann unsere Sache. Da half auch meine Mutter mit. Das »eiserne Pferd« wurde von ihrem Mann mit dem Pferdewagen abgeholt. Auf diesem waren immer Mengen von Körben von Leuten, die ihre Wäsche nach Hosterwitz mitgaben und fertig zurückbekamen, weil sie keine Waschküchen und Trockenplätze hatten.

Schließlich hingen die ersten Stücke an der Leine. Ich hatte eine kleine Klammerschürze um und ein Fußbänkchen, damit ich hinauflangen konnte. Kleine Sachen durfte ich selber aufhängen. Wehe aber, wenn ich sie wieder ins Gras warf oder auf eine Ecke trat. Wir waren froh, wenn die Wäsche an einem Tag trocknete. Lustig für mich, aber schrecklich für die anderen war es, wenn ein Gewitter oder Sommerregen im Anzug war. Zogen sich die Wolken zusammen, rannten wir sofort hinaus ins Freie und schielten zum Himmel hinauf – das Mädchen mit einem Stoßgebet und ich auf die ersten Tropfen hoffend. Wir trugen vorsichtshalber schon einmal die bereits trockenen Stücke in Sicherheit. Es war dann immer ganz ruhig, die Ruhe vor dem Sturm: Kein Hauch regte sich, kein Vogel zwitscherte, und wir standen Gewehr bei Fuß. Beim ersten Rauschen der Bäume stürzten wir wieder hinaus in den Garten, rissen die Wäsche von der Leine, und schon prasselten die ersten schweren Regentropfen herunter. Ich war sehr besorgt um meine Puppenkleidung, sonst stand ich natürlich allen im Wege. Hatten wir Glück, schien nach einer halben Stunde wieder die Sonne und die ganze Prozedur begann von neuem. Das paßte meiner Mama gar nicht. Sie war sehr akkurat, und beim Aufhängen mußte man vieles beachten: bloß nicht die Ecken verziehen, alles mit der Hand ausstreichen, die Klammern nicht an die Ecken setzen. Wenn wir Pech hatten, so regnete es weiter.

Einmal ging unser Kessel kaputt, kurz vor dem angesetzten Termin. Das »eiserne Pferd« mußte also die Wäsche mitnehmen. Meine Mutter konnte das gar nicht leiden, sie wußte ja nicht, mit welcher anderen Wäsche sie zusammen gewaschen wurde, welche Seife die Waschfrau verwendete und ob sie auch genügend spülen würde. Alle sagten danach immer, die Wäsche wäre grau. Ich wollte unbedingt einmal sehen, wie das in Hosterwitz zuging, und drängelte meine Mama die ganze Zeit. Sie gab schließlich nach und ich durfte mit dem Mädchen mit der Straßenbahn über das »Blaue Wunder« nach Hosterwitz fahren, für zwanzig Pfennig. Das war vielleicht ein Erlebnis! Ein Bauerngehöft mit ein paar Tieren erwartete uns. Der Mann versorgte die Landwirtschaft, die Frau das Waschgeschäft. Riesige Wannen zum Bleichen und Hängen der Wäsche standen dort, Berge von Holz und Briketts waren draußen aufgestapelt. Ich durfte mir alles mit ansehen, zog es aber vor, die meiste Zeit bei den Tieren im Stall zu verbringen. Das Schönste aber war die Rückfahrt. Da ja die Wäsche geliefert werden mußte, durfte ich mit auf dem Pferdewagen fahren. Das Mädchen war nicht begeistert von der Idee und wäre lieber Straßenbahn gefahren. Der Wagen wurde vollgeladen mit Körben, alle festgebunden, und ich saß in der Mitte auf dem Kutschbock. Los ging die Fuhre, wortwörtlich über Stock und Stein, denn auf dem Land war es holprig. Wir sangen alle auf dem Pferdewagen »Auf der Blasewitzer Straße kam der Wurschtelmann gesaust, warum kam er denn gesaust, weil er Wurschteln hat gemaust«, am lautesten die Waschfrau. Gar nicht mal so schlecht, wie selbst meine Mutter zugestand, die ein gutes Ohr hatte und viel von Musik verstand. Ich wollte unbedingt die Zügel mit halten, und so kamen wir gut durchgeschüttelt zu Hause an, wo Mama schon an der Gartentür stand und wartete.

Mit dem Trocknen beziehungsweise Abliefern der Wäsche war der ganze Waschvorgang natürlich noch nicht abgeschlossen, die Wäsche war ja noch nicht »schrankfertig«. Am nächsten Tag ging es weiter. Da mußten wir die Wäsche ziehen und, wenn sie trocken war, auch kurz sprengen. Schließlich wurde alles ordentlich in Körbe verstaut und dazwischen immer wieder gesprengt, denn die Wäsche mußte bis zum dritten Tag etwas feucht bleiben. Da kam sie nämlich auf die Mangel, oder wie man in Sachsen zu sagen pflegte, auf die Rolle. Diese war nicht weit von unserem Haus entfernt, wir konnten sie mit einem Handwagen hinbringen. Das Mädchen zog ihn, Mama hielt die Körbe fest. Wir gingen auf dem Fahrweg, denn in unserer Gegend war wenig Verkehr, keine Straßenbahn, und Autos gab es ja überhaupt noch nicht viele. Die Mangel war bereits elektrisch, trotzdem sang das Mädchen das Lied: »Komm, laß uns mal die Rolle drehn, du bist so dick und stramm, genier dich nicht und zier dich nicht, wir drehn das Ding zusamm.« Natürlich im schönsten Sächsisch. Mama guckte immer etwas konsterniert. Als wir zu Hause die Wäsche dann endlich sortiert und, in rosa und hellblauen Satinbändern eingebunden, in den hohen Schränken verstaut hatten, hörte ich meine Mutter noch »Baruch Haschem« (Gott sei Dank) ausrufen.

Theaterbesuch

Angenehmer für meine Eltern waren die monatlichen Theaterbesuche. Sie hatten Abonnements für die Oper und das Schauspielhaus. Jeder Besuch bedurfte sorgfältiger Vorbereitungen. Zwei Wochen vorher kam die Hausschneiderin, eine alte, vertrocknete Jungfer. Sie kam morgens um neun und blieb bis abends. Allerdings nähte sie nichts Neues für Mama, dazu hatte sie nicht genug Chic. Mama ließ von ihr bloß Änderungen vornehmen und Wäsche ausbessern. Ihre eleganten Sachen kaufte sie nur auf der Prager Straße. Der Arbeitsplatz der Schneiderin war in einem Hinterzimmer, in dem eine alte Nähmaschine von »Seidel & Naumann«, einer bekannten Dresdner Firma, stand. Die Maschine rumpelte schrecklich. Das Mädchen mußte wieder Kaffee kochen und Brote schmieren, tat dies aber diesmal guter Dinge. Sie bekam nämlich aus einem Rest immer etwas genäht, was wir ihr schenkten.

Wenn die Garderobe gerichtet und Papas dunkler Anzug vorbereitet war, kam mittags vor der Vorstellung die Friseuse ins Haus und manikürte auch gleich die Nägel. Es gab damals noch keinen Nagellack, sondern die Nägel wurden mit einem süß riechenden Puder oder einer Paste eingerieben und mit einem kleinen, langen Nagelpolierer poliert. Waschen durfte man sich die Hände danach nicht mehr, sonst wäre alles wieder abgegangen. Wenn ihre Frisur fertig war, durfte ich meiner Mutter nicht mehr zu nahe kommen. Mein Vater packte sie allerdings, wenn er nach Hause kam, immer extra am Kopf und gab ihr einen dicken Kuß. Sie schrie jedesmal auf: »Aber Max, meine Haare!« Das Kleid, oder besser gesagt, die Abendrobe legte sie am Schluß an. Auch dies dauerte natürlich. Die

Strümpfe hatten noch eine Naht hinten, und wehe, wenn die nicht ganz gerade saß, dann hatte man »schiefe Beine«.

Ich blieb mit dem Mädchen zu Hause, das mir mein Abendbrot machte, bevor die Eltern gingen. Sie aßen an diesen Tagen nicht zu Hause, sondern nach dem Theaterbesuch im Theaterrestaurant oder im Dresdner Ratskeller, wo sie Stammgäste waren. Natürlich fuhren sie mit dem Taxi. Ich sollte möglichst schlafen, bevor sie das Haus verließen. Denkste! Meine Mutter schlich noch einmal auf Zehenspitzen zu meiner Türe, was mit den Stöckelschuhen gar nicht so einfach war. In dem Moment rief ich schon: »Mama!« Sie kam wieder zurück, saß angezogen am Bett und sagte, daß sie gleich wiederkomme, was natürlich nicht stimmte. Sie beruhigte mich, die Eia sei ja da, und versuchte auf mich einzureden, während mein Vater schon draußen in der Diele drängelte, man käme zu spät. An anderen Tagen, wenn ich partout nicht schlafen gehen wollte und die Verwandten zu Besuch waren, nahm mich mein Vater, nachdem ich bereits gebadet war, auf die Schultern. Er trug mich mit »Tschingderassabum« durch die Wohnung; hinterher ging meine Cousine Paula mit meinem Teddy oder der Mohrenpuppe im Arm; den Abschluß bildete meine Oma mit der »Punschterrine« in der Hand: das war ein weißer schwerer Porzellannachttopf. Ich konnte davon nicht genug kriegen und plärrte, wenn mein Vater mich ins Bett befördern wollte.

Natürlich durfte auch ich gelegentlich ins Theater gehen, in die Märchenvorstellungen am Nachmittag. Meistens fanden diese um die Weihnachtszeit herum statt. Ich mußte mein schönes blaues Samtkleid mit weißem Spitzenkragen anziehen, natürlich Lackschuhe und schrecklich kratzende Wollstrümpfe. Ich haßte es, wie ein Pfingstochse herausgeputzt zu werden. Doch Mama legte auf solche Dinge immer viel Wert. Mein Vater hatte ihr auch den neuesten Kinderwagen von der Leipziger Messe mitgebracht. Wenn meine Eltern damit, elegant angezogen, ihre Einkäufe erledigten, nannten Freunde uns das »elegante Gespann«.

Öfter als ins Theater ging ich ins Kino, denn das kostete mich ja nichts. Ein Kino war damals eine ganz neue Sache, und für ein Kind war ein Papa als Kinobesitzer natürlich mindestens ebenso toll, wie wenn der Papa ein Spielzeuggeschäft gehabt hätte. Ich konnte meine Freundinnen dann immer mit ins Kino nehmen. Das waren im übrigen noch elegante Kinos damals, man versuchte ja, Theater nachzubauen. Unser Kino hieß »Palast-Theater«. Man betrat die Empfangshalle durch ein Säulenportal, vorbei an einem Portier in Livree, ging dann die Treppe hoch in den Saal mit Sitzen und dem Vorhang aus rotem Samt. Vor der Bühne standen große Blumentöpfe. Durch die Stadt fuhr ein Kinowagen mit den Plakaten und der Filmmusik der gerade laufenden Streifen. Ich erinnere mich eigentlich nur noch an die Mickey-Mouse-Filme, die damals gerade aufkamen und die ich heiß und innig liebte.

Schulwechsel

Auf dem Weg zur Grundschule kam ich regelmäßig an einem Pferdewagen vorbei, der Milch ausfuhr. Der Gaul wieherte immer schon von weitem, denn er wußte, daß ich ihm meine Butterbrote gab, die meine Mutter mir für die Schulpause mitgab. Sie wollte, daß die Mondscheinprinzessin ein bißchen zunahm, und hatte die Brote dick mit Butter bestrichen. Ich konnte das nicht leiden, freute mich aber, wenn es dem Pferdchen schmeckte. Und meine Mutter war sehr glücklich, daß ich nie etwas mit nach Hause zurückbrachte; sie lobte mich, daß ich so gut aufgegessen hatte.

Ich erinnere mich an keinerlei Unterscheidung zwischen jüdischen und nichtjüdischen Schülerinnen vor 1933, weder von seiten der Lehrer noch der Mitschüler. Benachteiligungen hatte ich nicht zu erfahren; meine Freundinnen waren jüdisch und christlich. Der einzige Unterschied war, daß ich frei hatte, wenn die anderen den Religionsunterricht besuchten, und ich dafür einmal in der Woche nachmittags in die jüdische Religionsschule ging. Dort unterrichtete uns anfangs Frau Dr. Stein, dann Herr Anschel und schließlich Herr Blum. Wir lernten biblische Geschichte und Hebräisch lesen, ohne aber zu verstehen, was wir eigentlich lasen. Meine Mutter konnte fließend hebräisch lesen, aber auch sie verstand nicht mehr, was sie las. Sie hatte ihre Bat Mitzwa bei dem damals schon nicht mehr ganz jungen, zu meiner Zeit aber noch immer amtierenden Rabbiner Dr. Jakob Winter gemacht. Winter, der 1886 als junger Rabbiner nach Dresden gekommen war, verstarb 1940 mit dreiundachtzig Jahren und blieb somit vor der bevorstehenden Deportation bewahrt. In traditionellen jüdischen Verhältnissen in der Slowakei groß geworden, war er nicht

Mein erster Schultag, 1930

nur durch sein fundiertes jüdisches Wissen und seine Religiosität bekannt, sondern auch wegen seiner Allgemeinbildung hoch angesehen. So sagte er noch in hohem Alter die Oden des Horaz in lateinischer Sprache auf. Er war der Prototyp des »Doktor-Rabbiners«, wie er sich im 19. Jahrhundert herausgebildet hatte. Meine Mutter war immer stolz darauf, noch bei ihm gelernt zu haben, und bewahrte den zu ihrer Bat Mitzwa von ihm erhaltenen Sidur (Gebetbuch) in dunkelrotem Leder mit Goldverschluß und einer Widmung sorgfältig zu Hause auf. Er fiel auch dem Bombenangriff zum Opfer.

Zu den Feiertagen ging ich mit meiner Mutter in den Tempel, denn so nannte man damals in Deutschland die liberalen Synagogen. Die Dresdner Synagoge war nicht irgendein Bauwerk. Mit Stolz verwiesen wir Dresdner Juden darauf, daß sie vom gleichen Architekten stammte wie die Oper, von Gottfried Semper. Mitte des 19. Jahrhunderts erbaut, am Zeughausplatz stehend, war sie vom Elbufer aus zu sehen und gehörte ebenso zum Stadtbild wie der andere, berühmtere Semperbau. Der Gottesdienst wurde, wie damals in liberalen Synagogen üblich, mit Orgel und Chor festlich gestaltet. Eine gewisse Zeit lang besuchte ich auch den Kindergottesdienst Samstag morgens. Wir Mädchen saßen auf der Empore, und es wäre übertrieben zu sagen, daß wir uns durch besondere Aufmerksamkeit auszeichneten. Wir machten uns einen Spaß daraus, kleine Papierkügelchen auf die Jungs unten hinunterzuschießen. Eine Bat Mitzwa gab es für uns allerdings nicht mehr.

Als die Nazis an die Macht kamen, war ich gerade acht Jahre alt. Erinnerungen habe ich daran keine. Meine Eltern vermieden es, vor mir über die politische Entwicklung zu sprechen. Sie meinten ja sowieso, der Spuk ginge bald vorbei. Ein Jahr später allerdings, als mein Wechsel von der Grundschule aufs Gymnasium bevorstand, ließ sich dieses Thema nicht mehr umgehen. Die staatlichen wie auch die städtischen höheren Schulen nahmen zwar noch jüdische Schüler auf, allerdings nur eine sehr begrenzte Zahl. So war die Auswahl also gar nicht einfach. Ich kam schließlich auf die Blasewitzer Höhere Mädchenschule. Neben mir waren noch zwei jüdische Schülerinnen in der Klasse: Doris Freibusch und Ursula Friedmann.

Im Unterricht und Alltagsleben begann sich die Ausgrenzung bereits bemerkbar zu machen. Im Turnen war ich gut, durfte aber an Wettkämpfen plötzlich nicht mehr teilnehmen. Zweimal konnte ich noch mit ins Schullandheim fahren, dann mußte ich, wie auch meine jüdischen Schulkameradinnen, zu Hause bleiben. Auch die Teilnahme am Schwimmunterricht wurde uns untersagt. Also eigentlich all das, was Kindern Spaß macht. Außerdem wollte man uns eben so darstellen, wie man sich die Juden aus dem »Stürmer« vorstellte: unsportlich, schwach und feige. Dies einem zehnjährigen Mädchen klarzumachen, war gewiß nicht einfach.

Es gab Lehrer, denen diese Behandlung leid tat, aber sie haben zumeist ebenso weggesehen wie alle anderen, denen es egal war. Anfangs waren einige zu uns besonders nett. Das ging aber bald nicht mehr. Beim Aufstehen in der Früh begann das Theater schon. Alle mußten »Heil Hitler« brüllen. Wir jüdischen Kinder hoben natürlich nicht den Arm und sagten es nicht. Wir empfanden das durchaus nicht als Privileg, sondern als Ausgrenzung.

In Biologie hatten wir eine Lehrerin vom Typ einer BDM-Führerin, die nur von der deutschen Rasse faselte. Sie hatte ihr Haar zum Knoten gesteckt und trug eine runde Brosche mit Hakenkreuz an der Bluse. Sie eignete sich sicherlich gut für den neuen Rassekundeunterricht. Allerdings beherrschte sie die Theorie wohl etwas besser als die Praxis, denn gleich zu Beginn blamierte sie sich fürchterlich. Als sie zum erstenmal in die Klasse kam und noch nicht recht über die Zusammensetzung der Klasse Bescheid wußte, holte sie mich nach vorne und verkündete laut: »Hier seht ihr ein Beispiel für ein arisches deutsches Mädchen.« Schließlich war ich blauäugig mit langen blonden Locken. Im Gegensatz zu meinen Mitschülerinnen, die ich schon grinsen sah, war mir gar nicht zum Lachen zumute. Doch blieb mir nichts anderes übrig, als etwas schüchtern zu antworten: »Ich bin Jüdin.« Von da an war für mich die Hölle los, sie konnte mir das nicht verzeihen. Unser Mathematiklehrer war genauso schlimm. Er sah aus wie aus der Leibstandarte von Hitler, groß und blond, und immer in SS-Uniform mit Totenkopfinsignien. Er schikanierte uns drei jüdische Schülerinnen und hat mir für immer den Appetit auf Mathematik verdorben. Ich konnte noch so fleißig sein, doch schlechte Noten waren mir ebenso sicher wie meinen beiden jüdischen Mitschülerinnen.

Um 1938 mußten wir die höhere Schule verlassen. Nicht etwa, weil wir schlecht gewesen wären, sondern einfach aus dem Grund: Jude. Schließlich hatte bereits 1933 der Kommissar für das Preußische Kultusministerium, Bernhard Rust, verkündet, die deutschen Schulen »von allen Nichtdeutschen [...] mit aller Brutalität der Pflicht« reinigen zu wollen.

Nun durften uns nur noch Privatschulen, die viel Geld kosteten, aufnehmen. Ich kam also in die Elisabethschule in der Nähe der Nürnberger Straße, das war eine reine Mädchenschule. Sie lag sehr weit entfernt von zu Hause und ich mußte jeden Morgen einen langen Weg mit der Straßenbahn zurücklegen. Warum das alles sein mußte, habe ich mit meinen vierzehn Jahren nicht begriffen. Meine Schulfreundinnen von früher durfte ich nicht mehr sehen. Wenn sie mich auf der Straße sahen, blickten sie plötzlich in die andere Richtung oder wechselten die Straßenseite. Es war ein schreckliches Gefühl, als meine besten Freundinnen an mir einfach vorbeischauten. Wahrscheinlich hatten ihre Eltern es ihnen so eingebleut. Ich hatte damals zu Nichtjuden selbstverständlich gar keinen Kontakt mehr. Doch es sollte noch schlimmer kommen.

Nach ein paar Monaten mußten wir auch diese Schule verlassen, denn Rust, der inzwischen zum Reichsminister avanciert war, erließ am 15. November eine Anordnung mit folgendem Wortlaut: »Nach der ruchlosen Mordtat von Paris kann es keinem deutschen Lehrer [...] mehr zugemutet werden, an jüdische Schulkinder Unterricht zu erteilen. Auch versteht es sich von selbst, daß es für deutsche Schüler unerträglich ist, mit Juden in einem Klassenraum zu sitzen.« Nun gab es für uns nur noch das jüdische Gymnasium in der Fröbestraße, in das alle jüdischen Schüler zu gehen hatten. Hier unterrichteten durchaus gute Lehrer, die früher an anderen Gymnasien gelehrt hatten, wie mein Mathematiklehrer Herr Pinkowitz und mein Deutschlehrer Herr Höxter. Doch sie verließen nach und nach die Schule, um zu emigrieren oder

Schulausflug in die Umgebung Dresdens, 1939; Lehrer Kronenthal (oben 3. v. l.), unten rechts ich

wurden ins Ausland deportiert wie die polnischen Juden in der Aktion vom Oktober 1938.

Aus der jüdischen Oberschule ist mir nur ein Bild übriggeblieben. Es zeigt uns mit unserem Englischlehrer Robert, genannt Bobby Kronenthal, den wir alle sehr gerne hatten. Er war mit einer nichtjüdischen Frau verheiratet, die ihn aber nicht beschützen konnte. Eines Tages wurde er abgeholt, und wir sahen ihn nie wieder, hörten auch nie wieder etwas von ihm. Es hieß, er habe BBC auf seinem Radio gehört, was während des Krieges strengstens verboten war. Die Nachbarn hätten ihn angezeigt und dies bedeutete sein Todesurteil. Das Schicksal meiner Klassenkameraden auf dem Foto spiegelt ganz gut die noch verbleibenden Alternativen jener Zeit wider. Meine Freundin Steffi Cohn, die auf dem Bild zu sehen ist, hat nicht überlebt. Sie ging auf Hachschara, das heißt landwirtschaftliche Vorbereitung für die Auswanderung nach Palästina, und bat mich mitzukommen. Ich wollte nicht von meinen Eltern fort und auch nicht nach Palästina. Dieses Hachschara-Lager in Steckelsdorf bei Berlin wurde aber bald aufgelöst, die Jungen und Mädchen kamen nicht nach Palästina, sondern in Konzentrationslager.

Auf dem Bild sind auch noch die Geschwister Kurt und Irmgard Nattowitz zu sehen, die noch rechtzeitig emigrieren konnten. Der hübsche Junge hinter mir ist Heinz Meyer, der Schwarm vieler meiner Freundinnen einschließlich mir. Er stammte aus einer sehr musikalischen Familie und war selbst trotz seiner Jugend schon ein hervorragender Geiger. Sein Bruder Fritz spielte Klavier. Beide wurden erst in das »Hellerberg-Lager« gebracht und dann nach Auschwitz deportiert. Unter den schrecklichsten Umständen hat Heinz überlebt, unter anderem mußte er an der Rampe in Auschwitz mit dem Häftlingsorchester Geige spielen. Doch davon habe ich erst 50 Jahre später erfahren, als er unter dem Namen Henry Meyer bereits eine bedeutende Karriere als Geiger im Lassalle-Quartett hinter sich hatte.

Ausgegrenzt

Vieles hatte sich geändert seit den Tagen meiner frühen Kindheit, und mit dreizehn oder vierzehn Jahren spürte ich trotz aller Beschwichtigungsversuche meiner Eltern, daß meine Kindheit im Grunde vorbei war. Wenn ich an diese Jahre zurückdenke, so erinnere ich mich vor allem daran, daß ich fortwährend die Schule und die Wohnung wechselte. Das Schlimmere war natürlich, daß wir aus unserer Wohnung ausziehen mußten. Ich war todunglücklich darüber und heulte. Außerdem konnten meine Eltern das Kino nicht behalten. Man versuchte, meinen Vater zu erpressen. Einmal wurde er in Berlin aufs Reichspropagandaministerium vorgeladen, wo man ihm nahelegte, sich doch von seiner jüdischen Frau scheiden zu lassen, dann könne er alles behalten. Dies kam für ihn überhaupt nicht in Frage. Jetzt erst recht zusammenhalten, lautete die Devise unserer Familie. Für meinen Vater

Das Kino »Palast-Theater« in der Alaunstraße, 1935

bedeutete dies freilich zuerst einmal den finanziellen Ruin. Wie symbolträchtig ist die einzige von unserem Kino erhaltene Photographie. Es zeigt gerade die Ankündigung des 1930 angelaufenen Erfolgsstreifens mit Willi (Willy) Forst in der Hauptrolle und dem Titel »Das Lied ist aus«.

Es war eine tragische Ironie, daß ich als Jüdin bald nicht mehr in das Kino gehen durfte, das einst meinen Eltern gehört hatte, als nach der »Kristallnacht« am 9. November 1938 Juden alle Kino- und Theaterbesuche und sonstige kulturelle Veranstaltungen und Ausstellungsbesuche verboten wurden. Einzige Ausnahme waren die vom Jüdischen Kulturbund produzierten Vorstellungen – von Juden für ein ausschließlich jüdisches Publikum. Wir wagten es anfangs trotzdem ab und zu, ins Kino zu gehen. Da wir nicht die typischen »Stürmer-Gesichter« hatten, hofften wir, unerkannt zu bleiben. Wäre eine Kontrolle gekommen, hätte dies natürlich dumm ausgehen können.

In der ersten Zeit nach 1933 gab es noch zahlreiche Widersprüchlichkeiten zwischen den Nazigesetzen und der Wirklichkeit im Alltag. Ich erinnere mich etwa daran, daß zum Pessach-Fest Mazzen (ungesäuertes Brot) an die Mitglieder der jüdischen Gemeinde ausgetragen wurden. Gern verdienten sich dabei auch ein paar nichtjüdische Schuljungen aus der Nachbarschaft ein paar Mark und fuhren sie mit dem Fahrrad zu den jüdischen Familien. Als die Tür geöffnet wurde, standen sie stramm und grüßten mit erhobenem Arm, wie sie es in der Schule gelernt hatten: »Heil Hitler, Herr Kohn, ich bringe die Mazzen.«

Als meine Eltern das Kino abgeben mußten, bedeutete dies auch, daß meine Großmutter väterlicherseits das Haus, in dem sie ja mietfrei wohnte, zu verlassen hatte. Sie zog zu Tante Grete nach Berlin, von wo aus sie uns oft besuchte. Um die Weihnachtszeit 1937 drängelte sie ihre Tochter, daß sie unbedingt nach Dresden wolle, im uns zu besuchen. Grete versuchte, sie zurückzuhalten, es waren gerade sehr kalte Tage, sie würde sich

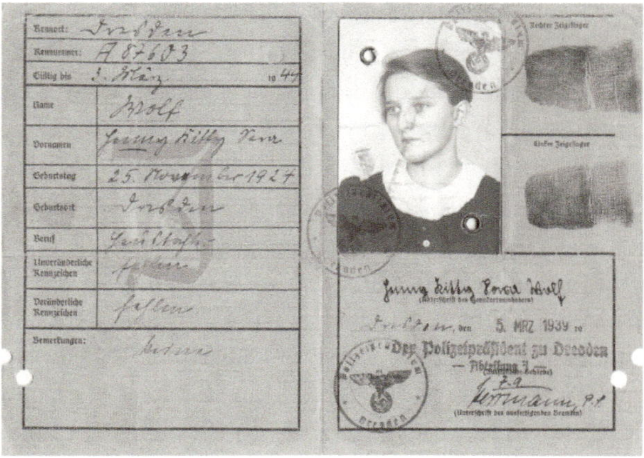

Meine »Judenkennkarte«

nur erkälten. Meine Großmutter war aber nicht aufzuhalten, sie wollte unbedingt ihren Sohn besuchen. Meine Mutter bereitete einen schönen Heringssalat vor, wir aßen zu Abend, meine Großmutter ging zu Bett. Nachts ging plötzlich ein Gerenne los, mein Vater rief: »Mutter, Mutter.« Ich wachte auf und meine Mutter beruhigte mich: »Großmutter fühlt sich nicht gut, geh nur wieder schlafen.« Am nächsten Morgen erfuhr ich, daß sie einen Herzschlag erlitten hatte und auf der Stelle tot war. Aus dem Nachbarhaus kam noch Dr. Ibner, konnte aber nur noch ihren Tod konstatieren. Es war, als ob Oma dies geahnt hatte und ihren Sohn, ihre Schwiegertochter und ihr einziges Enkelkind noch einmal sehen wollte. Im nachhinein sagten wir oft, es war besser, daß sie all das Schreckliche, das uns noch treffen sollte, nicht mehr miterleben mußte.

Die Waschfrau durfte schon lange nicht mehr zu uns kommen, und auch die aufwendigen Vorbereitungen zu den Theaterbesuchen meiner Eltern waren bereits ein Teil vergangener Kindheitsgeschichte für mich. Das Café Pollender mit seinen großteils jüdischen Gästen existierte für uns nicht mehr. Im

Großen Garten durften wir zwar noch Eichhörnchen füttern, aber auf den Bänken stand bereits »Für Juden verboten«. Während die Kindheit meiner ehemaligen nichtjüdischen Klassenkameradinnen unbeschwert weiterging, war meine unwiderruflich verloren. Angesichts der sich häufenden Diskriminierungen und Ausgrenzungen wurde es von Tag zu Tag schwieriger, sich ein Stück Alltagsleben zu bewahren.

Die Einschränkungen nahmen mit dem Jahre 1938 rapide zu. Bestimmte Grünanlagen durften wir nicht mehr betreten, und immer mehr Schilder mit der Aufschrift »Für Juden Zutritt verboten!« waren zu sehen. Jeden Tag kam ein neues Verbot hinzu. Und im August 1938 dann auch ein neuer Name. Wir mußten aufs Paßamt gehen und erhielten den Zusatznamen Sara, die Männer Israel. Außerdem wurden uns Fingerabdrücke abgenommen, wir erhielten sogenannte »Judenkennkarten« und in unsere Kennkarten wurde ein großes »J« gestempelt. Wir waren registriert wie die gemeinsten Verbrecher. Und dafür ließ man uns auch noch bezahlen.

Im gewissen Sinn war das Lied im November 1938 wirklich aus. Alle Illusionen, die wir uns bis dahin gemacht hatten, waren mit der sogenannten Kristallnacht dahin. In der Nacht auf den 10. November hörten wir Lärm im Haus, wir wohnten ja nun in einem Mietshaus. Leute trampelten die Treppe hinauf und hinunter. Es hieß, es wäre die Feuerwehr. Irgendwo mußte es gebrannt haben, aber wo und was genau, war mir nicht klar. Was genau los war, wußten wir noch nicht. Frühmorgens fuhr ich in die Fröbestraße zur jüdischen Schule. Unterwegs haben wir Schulfreundinnen uns immer getroffen. Als die, die in der Stadt wohnten, einstiegen, herrschte furchtbare Aufregung, und als die Bahn am Zeughausplatz vorbeikam, sah man von weitem schon eine Menschenmenge versammelt und Rauch aufsteigen: »Die Synagoge brennt«, hieß es plötzlich. In die Schule konnten wir an jenem Morgen überhaupt nicht gehen, denn dort wüteten die Nazis ebenfalls. Jüdische Geschäfte

Die zerstörte Synagoge nach dem Pogrom im November 1938

wurden geplündert, Fenster eingeschlagen, überall waren Schmierereien zu lesen: »Juden raus!« Das Volk stürzte sich auf die Waren. Jüdische Männer wurden aus ihren Wohnungen gezerrt, viele kamen nach Buchenwald. Tagelang verließen jüdische Bürger nun nicht mehr ihre Wohnungen. Immer öfter kam es vor, daß Juden nachts grundlos von der Gestapo aus ihren Betten gezerrt und verschleppt wurden.

In ein paar Stunden hatten die Nazis es nicht nur geschafft, den Mittelpunkt der traditionsreichen Dresdner jüdischen Gemeinde zu zerstören, sondern die Stadt auch um eines ihrer imposantesten Bauwerke zu berauben. Freilich bekamen wir von Trauer oder gar Bedauern recht wenig zu spüren. Eher schon gab es höhnische Reaktionen. Die offizielle Reaktion konnten wir am nächsten Morgen im »Dresdner Anzeiger« nachlesen, dort hieß es zum Synagogenbrand am 10. November 1938 unter der Überschrift »Der Judentempel brennt«: »In der Nacht zum Donnerstag gegen 2.10 wurde die Feuerwehr nach dem Zeughausplatz gerufen. Dort stellte sie fest, daß in der Synagoge ein Feuer ausgebrochen war, das in dem völlig ausgetrockneten Gestühl des Judentempels rasend um sich griff, so daß es den Feuerwehrmännern nicht mehr möglich war, in das Innere zu dringen. Die Feuerwehr mußte sich darauf beschränken, die umliegenden Wohngebäude und die an den Tempel angrenzende Holzhandlung vor den Flammen zu schützen.«

Tatsache war, daß die Feuerwehr kam, um die brennende Synagoge zu löschen, aber von SA-Leuten abgedrängt wurde. Einem mutigen Feuerwehrmann, Herrn Neugebauer, gelang es, den Davidstern, der oben auf der Kuppel angebracht war, zu retten. Er hat ihn auf dem Boden seines Hauses unter großer Gefahr aufbewahrt und nach dem Krieg der jüdischen Gemeinde zurückgegeben.

Das wäre der Zeitpunkt gewesen, abzuhauen. Auch die jüdische Schule war nun geschlossen. Von da an war überhaupt jeder systematische Schulunterricht unterbunden. Die Gemeinde richtete praktische Kurse ein, im Malen, Schneidern, Photographieren – damit wir beschäftigt waren, aber auch, damit die Kinder bei gelungener Emigration einen Beruf hätten. In der Tat gingen einige Freundinnen nach England, andere auf Hachschara. Ich wollte das alles nicht. Mit einem Kindertransport von meinen Eltern weg? Nein, das kam gar nicht in Frage. Und für meine Eltern, die inzwischen auch die Notwendigkeit zur Auswanderung begriffen, gab es nun keine Visa mehr. Ich machte also einen Mal- und Zeichenkurs bei Bruno Gimpel und einen Schneidereikurs bei Fanny Fanger. Eigentlich war es mein Traum gewesen, an der Kunstakademie in Dresden zu studieren und Kostüme für die Oper zu entwerfen. Es blieb aber ein Traum, der sich immer weiter von der Realität wegbewegte.

In unserer Familie war die Auswanderung schon vor der »Kristallnacht« ein immer häufigeres Thema geworden. Ich war wohl etwa dreizehn Jahre alt, als die ersten Verhaftungswellen gegen Juden begannen. Einige versuchten, dem zu entkommen, indem sie sich, wie etwa mein Onkel Max Rauch, der auf der Gestapoliste stand, ins Krankenhaus begaben. Obwohl keine akute Notwendigkeit bestand, ließ er sich den Blinddarm herausoperieren und war damit fürs erste vor den

Häschern sicher. Besser eine Operation, als den Nazischergen in die Hände zu fallen.

Als er wieder herauskam, fand in der Kaiserallee ein größeres Familientreffen statt, freilich nicht aus freudigem Anlaß. Erstmals lernte ich meinen Onkel Max und meine Cousine Esther aus Kopenhagen kennen. Sie trafen sich bei uns, zusammen mit den Rauchs. Die ältere Schwester meiner Mutter, Tante Anna, war zu diesem Zeitpunkt bereits nicht mehr da. Ihre Tochter Paula hatte den Rest der Familie nach Bolivien geholt, wohin sie nach Stationen in Holland und der Tschechoslowakei ausgewandert waren. Die Lage für die Juden in Deutschland spitzte sich immer mehr zu. Rauchs wollten etwas Gold und andere Wertsachen retten und gaben es den Dänen mit, in der Hoffnung ein Startkapital zu haben, wenn sie selbst nachkommen würden, was ihnen freilich nicht mehr gelang. Die »Dänen«, wie wir sie nannten, wollten meinen Cousin unbedingt mit nach Kopenhagen nehmen. Er war schon oft im Urlaub dort gewesen und konnte sogar schon die dänische Zeitung lesen, wofür ich ihn sehr bewunderte. Er konnte sich aber nicht von seinen Eltern trennen. Bestimmt hätte er mit allen dänischen Juden, die 1943 in einer Nacht nach Schweden gebracht wurden, überleben können. Wenn er nicht gerade auf dem einen Boot gewesen wäre, das auf der Fahrt nach Schweden unterging.

Als Dreizehnjährige hatte ich die Tragweite dieses Besuches nicht begriffen und erinnere mich nur an die angenehmen Seiten. Meine Mutter hatte die Tafel schön gedeckt und gut gekocht, die Terrasse zum Garten war auf, und meine Cousine und ich sprangen fröhlich herum. Vor allem erinnere ich mich an die große Blechbüchse, die die Dänen mir mitbrachten, gefüllt mit einer Unmenge Lakritze, vielleicht ein halbes Pfund. Lakritze in allen nur denkbaren Formen: kleine Röllchen, lange Rollen, viereckige Stücke, meistens schwarz, aber dazwischen guckten immer wieder giftgrüne und hellrosa Lakritzestückchen hervor. Nachdem sie zur Türe raus waren, schüttete ich sofort den Inhalt, den ich ekelhaft fand, in den Müll, spielte aber gerne mit den großen Blechdosen.

Ich ging also 1940 weder mit einem Kindertransport nach England noch auf Hachschara nach Palästina, weder zu Onkel Max nach Kopenhagen noch zu Tante Anna nach La Paz, sondern nach Berlin, wo es eine jüdische Zeichenschule gab, die vom ORT, einer jüdischen Hilfsorganisation, betrieben wurde. Obwohl meine Tante Grete in Berlin lebte, konnte ich bei ihr nicht wohnen, denn sie hatte Zwangseinquartierung wie viele im Krieg. Mein Cousin Alfred war als Zahnarzt am jüdischen Krankenhaus und besorgte mir ein Zimmer bei einer Kollegin. Ich lebte nun also in Berlin und fuhr einmal im Monat nach Hause zu meinen Eltern. Angenehm war dies alles nicht; ich mußte mir in Berlin ein Zimmer mit der Tochter der Vermieterin, einer Frau Cohn, teilen. »Pünktchen« war Krankenschwester im jüdischen Krankenhaus, bis auch sie deportiert wurde. Oft gab es bereits Fliegeralarm, und die ersten Freunde und Verwandten begannen zu verschwinden. Die Verhältnisse um mich herum wurden von Tag zu Tag unsicherer. Eines Tages, ich meine, es war im Mai 1941, ging ich wie jeden Morgen zur Schule in der Nürnberger Straße. Ich fand alles verschlossen vor. Über Nacht war sie von der Gestapo geschlossen worden. Keine Warnung vorher, kein Wort. Mit einer abgeschlossenen Ausbildung war es nun also wieder nichts. Ich packte meine Koffer und fuhr zurück nach Dresden. Trotz aller augenscheinlichen Verschlechterung glaubte auch ich immer noch, was mein Vater ständig wiederholte, wohl auch, um sich selbst noch Mut einzuflößen: »Das wird alles nicht mehr lange dauern.« Das hörte ich bei Kriegsbeginn, bei dem Angriff auf die Sowjetunion, bei Stalingrad und schließlich auch beim Angriff auf Dresden. Doch selbst danach sollte noch eine unendlich lang erscheinende Zeit von drei Monaten bis zur Befreiung vergehen.

Mit Judenstern für die deutsche Rüstung

Im Juli 1941 wurde ich in Dresden zur Zwangsarbeit verpflichtet und kam zu Zeiss-Ikon ins Goehle-Werk. Wir wohnten sieben Kilometer von der Fabrik entfernt, und ich durfte anfangs noch mit der Straßenbahn fahren, allerdings nicht in der Bahn, sondern draußen, auf dem Perron stehend. Bei Zeiss-Ikon gab es eine sogenannte Judenabteilung mit ungefähr dreihundert Leuten. Außer mir waren dort viele weitere Jugendliche, man nannte uns den »Kindergarten«, eine Bezeichnung, die ich viel später in den Tagebüchern von Victor Klemperer wiederfand. Klemperer schrieb über uns am 3. Mai 1942: »Bei Zeiss-Ikon gibt es einen ›Kindergarten‹ in der Judenabteilung. Arbeiten, die von ganz jungen Augen mit der Lupe gemacht werden müssen. Dort arbeiten Mädchen von 15 und 16 Jahren. Der Jugendlichenschutz für Juden ist ausdrücklich aufgehoben. Man ließ diese Kinder in der letzten Woche derart in Tag- und Nachtschicht arbeiten, daß auf 48 Stunden 24 Arbeitsstunden kamen; man zahlt ihnen für die Stunde 27 Pfennige.«

Unser Meister war ein feiner Mensch, der überhaupt keine Notiz davon nahm, daß wir Juden waren. Wir arbeiteten im Akkord und stellten Zeitzünder und Uhrwerke für U-Boote her. Diese Arbeit erforderte hohe Konzentration, Fingerfertigkeit und gutes Augenmaß. Meine Augen haben unter dieser feinmechanischen Arbeit sehr gelitten, da wir täglich stundenlang ohne Pause bei künstlichem Licht mit Lupe und Pinzette arbeiten mußten. Zur gleichen Zeit wie wir kam auch eine Schicht von nichtjüdischen Arbeitern, mit denen wir aber keinen Kontakt haben durften. Schon auf der Treppe war ein Gitter angebracht, um jeglichen Kontakt zu unterbinden. Wir nannten das damals: Menschen hinter Gittern.

Auch in diesen schrecklichen Jahren ging das Leben für uns weiter. Wie jedes sechzehn-, siebzehnjährige Mädchen begann ich mich für Jungen zu interessieren, und manche Jungen begannen mir nachzusehen. Da waren die Brüder Heinz und Walter Zonenstein. Heinz war mit meiner Freundin Eva Wechselmann befreundet, Walter war beschäftigt bei Gleisbauarbeiten, wo viele Männer von uns arbeiten mußten, vor allem die Akademiker. Man erzählte sich, daß die Arbeit dort besonders lange dauerte, weil einer den anderen fragte: »Darf ich die Schaufel nehmen, Herr Doktor?« – »Ja, bitte schön, Herr Professor.« Walter war damals vielleicht achtzehn Jahre alt, Pickel im Gesicht, feuchte Hände und sehr schüchtern. Ich wollte nichts von ihm wissen, aber er war hinter mir her. Ein gemeinsamer Bekannter erzählte mir dann später, daß er ihm Tips gab, wie er sich mir nähern sollte. Walter war aber zu schüchtern und hatte wohl noch nie in seinem Leben einem Mädchen einen Kuß gegeben. Dazu sollte er leider auch keine Gelegenheit mehr erhalten. Er kam bei einer der ersten Deportationen mit seinem Bruder weg. Der Vater war staatenlos und schon vorher nach Belgien geflüchtet. Die nichtjüdische Mutter blieb alleine zurück.

Wir wußten alle genau, daß unsere Überlebenschancen je nach Konstellation der Herkunft der Eltern gravierend unterschiedlich waren. Heinz und Walter waren nicht nur deshalb ungeschützt, weil »nur« ihre Mutter »arisch« war, sondern weil sie selbst keinen deutschen Paß hatten. Sie hatten sogar gar keinen Paß, waren staatenlos. Ich hatte dagegen das Glück, einen »arischen« Vater zu haben. Dagegen war ich gegenüber jenen »Mischlingen« benachteiligt, die zwar eine jüdische Mutter hatten, aber nichtjüdisch erzogen worden waren und daher keinen Stern tragen mußten. Meine Mutter begann, sich Schuldvorwürfe zu machen, denn es war ja ihr Wunsch gewesen, mich jüdisch erziehen zu lassen. »Vielleicht wäre es doch anders besser gewesen«, sagte sie mit Blick auf die Freun-

Das ehemalige Goehle-Werk, in dem ich Zwangsarbeit leistete

dinnen, die keinen Stern tragen mußten. Jeder Fall in meinem Freundeskreis war anders. Eine Freundin, deren Vater jüdisch war, wurde von ihrer nichtjüdischen Mutter nach der Flucht des Vaters aus Deutschland von der jüdischen Gemeinde abgemeldet. Das hat gar nichts genützt, den Stern mußte sie trotzdem tragen und zusammen mit mir Zwangsarbeit verrichten.

Der entscheidende Einschnitt überhaupt in der Nazizeit war für uns der 19. September 1941. Seit diesem Tag waren wir öffentlich gebrandmarkt; wir durften nur noch mit Judenstern auf die Straße gehen. Was dies bedeutete, wird wohl keiner der Juden vergessen, die damals noch in Deutschland lebten. Wir konnten es nicht fassen, selbst nach all dem, was schon passiert war. Jeder bekam also diesen sechszackigen, gelben Stern, den man fest an das jeweilige Kleidungsstück annähen mußte, das man gerade trug. War es warm und man hatte ihn auf dem Mantel, konnte man den Mantel nicht ausziehen; war es kalt und man hatte ihn auf dem Kleid, konnte man den Mantel nicht mehr darüberziehen.

Es war wie ein Spießrutenlauf. Meine Mutter wollte zuerst gar nicht das Haus verlassen. Denn es war schlimm, mit dem Stern auf die Straße zu gehen. Bisher konnten wir uns ja sozusagen inkognito bewegen. Nun aber waren wir gezeichnet. Viele Leute wußten, zumindest anfänglich, gar nicht, was da wieder für ein neues Gesetz herausgekommen war. Sie schauten mich an und fragten, was das denn zu bedeuten habe. Die Leute in unserer Straße guckten blöd, selbst im Haus tuschelte man, da gar nicht alle wußten, daß wir Juden waren. Ab April konnte man dies aber nicht nur an unserer Kleidung sehen, sondern auch an der Wohnungstür: Auch hier prangte nun ein Judenstern. Wir waren meines Wissens die einzige Familie in Dresden, deren Haushaltungsvorstand kein Jude war, der dennoch sein Kind jüdisch erzog und somit auch einen Judenstern an der Tür anbringen mußte.

Wer den Stern nicht trug oder ihn verdeckte, kam ins KZ oder wurde sofort umgebracht. Es gab viele, die ihn nicht tragen wollten oder es zumindest versuchten. Ich weiß das von einem Dresdner Arbeitskollegen. Er ging mit dem Stern zur Arbeit, hielt aber die Aktentasche darüber. Eine schwarze Limousine fuhr vorbei, der bekannte Gestapowagen, und er wurde hineingezerrt. Gesehen hat man ihn danach nie wieder. Die haben ihn nicht einmal ins KZ gebracht, sondern gleich ermordet. Für das Verdecken des Sterns. Ein paar Tage später haben sie seine Frau auf die Gestapo bestellt und gefragt: »Was, du trägst noch nicht Witwenkleidung?« Sie hatte gedacht, ihr Mann sei nur arretiert. Das waren die Methoden der Gestapo.

Ich habe den Stern niemals verdeckt. Ganz im Gegenteil – ich habe ihn immer mit Stolz getragen. Dabei hatte ich auch einige Erlebnisse. Viele Leute haben gefragt: »Wie kommt denn die dazu, mit ihren blonden Haaren und blauen Augen?« Besonders schlimm wurde es, als wir nicht mehr mit der Straßenbahn fahren durften. Zuerst stellte man uns noch eine gelb angestrichene Straßenbahn zur Verfügung, die die jüdischen Zwangsarbeiter von einem zentral gelegenen Platz ins Goehle-Werk brachte. Sie fuhr frühmorgens um halb sechs los. An der gleichen Haltestelle warteten auch andere Arbeiter auf ihre Straßenbahn, manche waren noch ganz verschlafen und wollten in unsere Bahn einsteigen. Da rief der Fahrer: »Raus, das ist die Judenbahn!« Darüber haben sie sich aufgeregt: »Was, eine eigene Bahn haben die Juden auch noch und unsere kommt nicht.« Während wir einstiegen, beschimpften und bedrohten sie uns, als ob wir uns eine eigene Bahn bestellt hätten.

Es gab jeden Morgen ähnliche Szenen: »Heute haben sie den oder jenen abgeholt« oder »heute hat sich das Ehepaar soundso mit Tabletten vergiftet« oder »einen haben sie geschnappt, wie er über die Grenze wollte«. Jeden Tag hörten wir also neue Hiobsbotschaften auf dem Weg zur Arbeit.

Im März 1942 kam ein neues Gesetz heraus: Juden durften überhaupt nicht mehr mit der Bahn fahren, sofern sie nicht mehr als sieben Kilometer von der Arbeit entfernt lebten. Wir wohnten genau sieben Kilometer weg und durften daher die Straßenbahn nicht mehr benutzen. Ich fuhr also mit dem Rad zur Arbeit. Allerdings hatte ich ein altes klappriges Rad, bei dem die Bremsen nicht mehr richtig funktionierten und die Räder schon angeschlagen waren. Ich war immer froh, wenn ich heil am Ziel ankam. Einmal jedoch geriet ich auf der Carolabrücke in die Straßenbahnschienen, konnte das wackelige Fahrrad nicht halten und stürzte. Ganz benommen lag ich auf dem Boden.

Neben mir stand ein junger Offizier, der mir aufstehen half. Als er den Judenstern sah, hat er nur den Kopf geschüttelt. Ich merkte, daß es ihm sehr leid tat, was mit uns geschah.

Er riet mir, mein Knie zu verbinden. Wenn jemand gesehen hätte, daß er mir behilflich war, wäre es ihm sicherlich schlecht ergangen. Am nächsten Tag mußte ich mich krankschreiben lassen. Das tat ich nicht gern, denn wer längere Zeit krank war, kam ins KZ. Zwei Tage später habe ich das Rad ausgebessert und bin wieder in die Fabrik gefahren. Daß dieses Erlebnis keineswegs die Regel war, erfuhr ich wenig später, als ich nochmals mit dem Rad verunglückte und mir ein junger Mann half. Nun hatte ich genau das umgekehrte Erlebnis. Er sah mich blutend neben meinem Fahrrad, half mir anfänglich auf, als er jedoch den Stern sah, ließ er mich fallen wie eine heiße Kartoffel und machte sich davon wie vor einer Aussätzigen.

Dann aber hieß es: Alle Fahrräder von Juden müssen abgegeben werden. Nun mußte ich die sieben Kilometer lange Strecke zu Fuß zurücklegen. Die Schicht begann um sechs Uhr, ich mußte um vier Uhr aufstehen und um halb fünf von zu Hause losgehen. Wir hatten weder richtige Kleidung noch richtige Schuhe, oft kamen wir völlig durchnäßt in der Fabrik an. Manchmal hatte ich regelrecht vereiste Wimpern nach sieben Kilometern Fußmarsch in der Früh um fünf. Aber das alles war nicht so schlimm, solange es finster war. Schlimmer war der Rückweg. Es war hell, und alle, die den Stern trugen, haben das gefürchtet. Manche Leute haben uns angepöbelt oder angespuckt. Oft liefen mir Kinder hinterher und riefen: »Judenschwein, Judenschwein, runter vom Gehsteig!« Ich habe aber auch erlebt, daß Menschen gesagt haben: »Kopf hoch, durchhalten!« Ich nehme an, das waren selbst Widerständler. Es waren nicht viele, die uns aufmunterten, aber es waren auch nicht viele, die uns anpöbelten. Die Allermeisten haben einfach weggesehen, haben sich überhaupt nicht um uns gekümmert. Sie waren nicht so gemein, wie die, die uns angepöbelt haben, sondern einfach feige. Vielleicht haben sie sich im stillen gedacht, »ach, wie schrecklich«, haben aber nicht den Mut gehabt, es zu sagen. Geholfen haben sie uns nicht.

Ich bin immer hinten herum gegangen, durch kleinere Gassen. In einer solchen Straße schaute oft eine junge Frau aus dem Fenster. Ich hatte mich schon daran gewöhnt, als sie eines Tages nicht mehr am Fenster zu sehen war, sondern auf der Straße scharf an mir vorbeiging. Ich bekam Angst, denn das bedeutete oft nichts Gutes. Auf einmal steckte sie mir einen Zettel in die Manteltasche, ohne sich umzudrehen oder ein Wort zu sagen. Wir gingen beide weiter, als ob nichts geschehen wäre. Als ich um die Ecke war, sah ich nach und entdeckte, daß es Lebensmittelkarten für Wurst und Fleisch waren. In Zukunft bin ich immer einen anderen Weg zur Arbeit gelaufen, um die junge Frau nicht in Gefahr zu bringen. Es hätte nämlich böse Folgen für uns beide gehabt, wenn es herausgekommen wäre. Das Gesicht habe ich mir jedoch gemerkt und sie nach Kriegsende gesucht. Ihr Haus war ausgebombt. Ich fand sie zufällig wieder als Sekretärin im Vorzimmer des damaligen Ministerpräsidenten von Sachsen, Dr. Friedrich.

Wir bekamen zwar auch Lebensmittelkarten, aber die waren entwertet. Schräg über den Karten stand in roten Buchstaben über den meisten Lebensmitteln der Vermerk: Jude. Hierfür gab es eine spezielle Maschine, die in Leipzig stand und nur Lebensmittelkarten von Juden in Sachsen entwertete. Den Nazis waren keine Mühen und kein Verwaltungsaufwand zu viel. Mit den entwerteten Lebensmittelkarten bekamen wir nur sehr wenige Lebensmittel, wie zum Beispiel dunkles Mehl. Als einziger von uns erhielt mein Vater normale Lebensmittelkarten, aber die reichten natürlich nicht für drei. Er gab dann manchmal alle drei Karten zusammen ab, mit seiner obenauf, und der Bäcker oder die Fleischersfrau, die natürlich genau wußten, daß die anderen entwertet waren, schnitten sie so ab, als handelte es sich um ganz normale Karten. Das durfte natürlich niemand bemerken. Auch mir ist es manchmal passiert, daß ich der Bäckerin meine Lebensmittelkarten für schwarzes Mehl gab, und ich zu Hause entdeckte, daß sie mir hinter dem Ladentisch herrliches weißes Mehl und Brötchen eingepackt hatte. Solche Dinge konnte ja niemand beobachten. Dies war die Hilfe, oder wenn man will, der Widerstand im alltäglichen Leben, der niemanden etwas kostete und der für uns so wichtig war. Leider haben wir diese Solidarität nur sehr selten erfahren. Die Bäckersfrau habe ich übrigens nach dem Krieg noch gesucht, konnte sie aber nicht finden, da auch ihr Geschäft ausgebombt war.

Über Bekannte, die auf dem Lande, in der Nähe von Graupa, einen großen Bauernhof hatten, konnte mein Vater uns mit dem Nötigsten versorgen. Von ihnen kaufte er Eier und Butter. Manchmal wurden die Eier auf dem holprigen Weg über Hosterwitz und Pillnitz im Fahrrad zu Rühreiern. Oder die Erdbeeren zu Marmelade. Sehr beliebt waren Maiskörner, was ja eigentlich Schweinefutter war. Meine Mutter hat sie gemahlen und Brötchen daraus gebacken. Große Freude herrschte, als er eines Tages Kaffeebohnen ergatterte. Die waren jedoch noch grün und mußten erst geröstet werden. Wir nahmen dafür einen einfachen Tiegel. Nun roch es aber im ganzen Haus nach Kaffee, und unsere Nachbarn hätten uns dafür anzeigen können. Sie waren aber anständig und ließen uns in Ruhe. Sie taten nichts Gutes und nichts Böses, ließen uns einfach in Ruhe, wofür wir schon sehr dankbar waren. Natürlich konnte mein Vater nicht oft solche Lebensmitteleinkäufe machen, denn es war ja Krieg und auf »Hamstern« stand die Todesstrafe. Hätten sie meinen Vater erwischt, wären wir sofort deportiert worden. Wir wußten, daß wir nur am Leben blieben, wenn meinem Vater nichts passierte. Und die Gestapo tat alles, um uns zu trennen. Starb der nichtjüdische Ehepartner oder ließ er sich scheiden, so waren eben auch der jüdische Partner und die Kinder verloren. Ab 1940 wurden meine Eltern immer öfter zur Gestapo bestellt. Die Gestapomänner beschimpften und beleidigten meinen

Vater, weil er ein jüdisches Mädchen geheiratet hatte, obwohl es doch genug »arische« gäbe. Meine Mutter pöbelten sie an und warfen ihr Betrug vor; das Kino, das uns früher gehört hatte, sei ergaunert gewesen. Sie mußte sich für zwei Stunden in eine Ecke stellen und bespucken lassen. Einige der Nazis dort waren stadtbekannt: der Weser, das war der »Spucker«, und der Clemens, das war der »Schläger«. Das Schlimme war, daß man vorher nie wußte, ob man wieder herauskam.

Auch ich wurde einmal zur Gestapo bestellt, das war im Januar 1945. Die Aufforderung hatte ich bereits vor den Weihnachtsfeiertagen bekommen. Die Fabrik war geschlossen, wir wollten die Tage zu Hause ausruhen. Mein Vater hatte von seinen ländlichen Freunden eine Gans bekommen. Wie dieser schreckliche Brief zu mir gelangte, weiß ich heute nicht mehr. Ich weiß nur, daß meine Mutter zusammenbrach und schrie, sie werden sie dort behalten. Mein Vater packte die Gans und warf sie auf den Balkon, wo sie in der Kälte zu einem Stein gefror. Als es soweit war, begleitete mich mein Vater auf dem Fußweg frühmorgens durch die Kälte und verabschiedete sich mit den Worten: »Wenn du in einer halben Stunde nicht wieder draußen bist, komme ich rein und drehe denen den Hals um.« Natürlich wußten wir beide, daß das nur eine Phrase war. Aber er wollte uns ein bißchen Mut machen. Der Pförtner brüllte mich gleich an: »SARA Wolf, dort hinauf!« Ich öffnete zuerst eine falsche Zimmertüre – und erschrak. Darin war ein Eisenbett, und ich malte mir schon aus, daß sie mich auf so einem Gestell die Nacht über behalten würden. Die eigentliche Befragung war dann weniger schlimm als die Angst davor. Es waren vier oder fünf Männer im Zimmer, zigarrerauchend, in Clubsesseln. Sie fragten mich Dinge, die sie ohnehin schon wußten, ob die Ehe meiner Eltern eine Mischehe sei oder nicht, warum ich den Stern trüge und ähnliche Fragen. Alles reine Schikane. Ich werde nie vergessen, wie ich aus dem Gebäude kam und meinen Vater draußen stehen sah. Er war in der Stunde, die ich bei der Gestapo verbracht hatte, um Jahre gealtert, überzeugt, sie würden mich gleich dort behalten.

Wir liefen den weiten Weg zurück, so schnell wir konnten. Mein Vater, der ja im Gegensatz zu mir mit der Straßenbahn fahren durfte, stieg unterwegs ein, um schneller bei meiner Mutter zu sein. Sie stand weinend am Fenster und schaute sich die Augen aus. Das Glück, als wir wieder vereint waren, kann ich nicht beschreiben. Als erster kam unser Freund Werner Lang, der ja von der Bestellung zur Gestapo erfahren hatte. Zweimal habe ich ihn weinen gesehen. Damals und nach dem überlebten Bombenangriff. Viele Juden, die eine solche Aufforderung von der Gestapo bekommen hatten, zogen den Freitod vor. Aber eine innere Stimme hatte mir gesagt, ich würde herauskommen.

Nachdem man vergeblich versucht hatte, meine Eltern zu überreden, sich scheiden zu lassen, dachten sich die Nazis etwas anderes Teuflisches aus: Die nichtjüdischen Männer aus Mischehen sollten in die Organisation Todt (OT) eingezogen werden. In dieser Fronteinheit hatte man in der Regel nicht lange zu leben. Die jüdischen Ehefrauen und Kinder wären dann vogelfrei und könnten in ein KZ eingeliefert werden. Denn das Gesetz, wonach Mischehen privilegiert waren, konnten die Nazis nicht ganz beseitigen und versuchten auf diese Weise, ihre Arbeit zu erledigen. Mein Vater wurde allerdings von einem bekannten Dresdner Antifaschisten, seinem alten Freund Dr. Fetscher, vor der OT beschützt. Dr. Fetscher hatte viele jüdische Freunde und mein Vater besuchte ihn oft am Abend in seiner Praxis. Einmal begleitete ich ihn und deckte bei diesem Besuch auf der Straße den Stern zu. Das war gefährlich, aber noch gefährlicher wäre es gewesen, wenn man Juden einen nichtjüdischen Arzt hätte besuchen sehen. Er versorgte uns mit Medikamenten und machte uns, was viel wichtiger war, Mut zum Durchhalten. Bei der Übergabe

Dresdens an die Rote Armee ging er den russischen Panzern mit der weißen Fahne entgegen und wurde von einem SS-Mann aus dem Hinterhalt erschossen. Heute ist eine Straße in Dresden nach ihm benannt.

Wir haben immer gezittert, wenn mein Vater mit dem Fahrrad oder dem Zug wegfuhr, denn überall hätte ihm etwas passieren können. Besonders deswegen, weil er sich nicht nur für uns, sondern auch für unsere Verwandten einsetzte und sie mit Lebensmitteln zu verpflegen suchte. Er fuhr regelmäßig, ein oder zweimal im Monat, mit dem Zug nach Berlin, um meinem Cousin Alfred, dessen Zahnarztausrüstung bei uns im Keller lag, das Nötigste zum Essen zu bringen. Alfred lebte dort untergetaucht bei einer Frau, die ihn gegen Geld versteckt hielt. Er besaß keine Lebensmittelkarten und konnte nur frische Luft atmen, indem er nachts das Fenster öffnete. Wir unterstützten ihn also mit dem Wenigen, das wir besaßen. Diese Besuche bedeuteten die größte Gefahr für meinen Vater. Jedesmal zitterten wir, ob er wohl wiederkommen würde. Einmal wäre er beinahe schon im Zug erwischt worden. Er saß im Abteil neben einem Mann in SA-Uniform, als in der Tasche im Gepäckfach die Eier für Alfred zu Bruch gingen. Das Eigelb tropfte dem SA-Mann auf seine Uniform. Er regte sich gleich fürchterlich auf: »Das ist ja eine Unverschämtheit! Wer hat denn im Krieg hier noch Eier? Das muß man bestrafen!« Mein Vater handelte geistesgegenwärtig und tat ganz unschuldig. Er pflichtete ihm bei: Das sei wirklich schrecklich, er wisse auch nicht, wer diese Tasche im Abteil habe stehenlassen. So ließ er in Berlin die Tasche mit den Lebensmitteln im Zug und kam mit leeren Händen zu Alfred. Als er ihn Anfang 1945 wieder einmal besuchen wollte und ihm auf sein Klopfen hin niemand die Tür öffnete, setzte er sich in eine gegenüberliegende Wirtschaft und beobachtete das Haus. Die Gastwirtin, die dies sah, kam auf ihn zu und gab bereitwillig Auskunft: »Na, die Juden ham se heute früh um fümfe abjeholt.« Wäre mein Vater etwas eher gekommen, hätten sie ihn auch gleich mitgenommen. Von meinem Cousin Alfred haben wir nie wieder etwas gehört. Er ging wohl den gleichen Weg, den seine Eltern schon 1943 gehen mußten, als sie nach Auschwitz deportiert wurden.

Von Dresden aus begannen die Deportationen in den Osten im Februar 1942, als die ersten 500 Dresdner Juden nach Riga gebracht wurden. Die jüdische Bevölkerung schrumpfte immer mehr zusammen. Die wenigen sogenannten »Volljuden«, die noch in Dresden lebten, wurden in »Judenhäusern« gesammelt. Meine Tante Paulina lebte im Judenhaus in der Kurfürstenstraße, so daß ich oft zu Besuch dorthin kam. Es spielten sich fürchterliche Szenen ab. Sonntags früh, als die Leute, die die ganze Woche schwer arbeiteten, ihre Ruhe haben wollten, erhielten sie regelmäßig Besuch der bekannten Nazischergen Clemens und Weser. Sie ließen ihre Finger auf den Klingelknöpfen, drangen in die Wohnungen ein und terrorisierten die Bewohner. Der »Spucker« spuckte in die Töpfe mit dem bißchen Essen, das man bekam; die anderen schlitzten die Federbetten auf, stopften die alten Leute mit Brot voll, das sie hinunterschlingen mußten, ließen jüdische Männer Gebete aufsagen und dazu tanzen. Sie selbst amüsierten sich bei diesen »Scherzen«. Sie nahmen auch immer ein paar Leute mit, die danach nie wieder gesehen wurden.

Die jüdische Gemeinde mußte auf Anordnung der vorgesetzten Behörde, der Gestapo, die Leute auch sonntags beschäftigen. Entweder Schnee schippen oder andere schwere Arbeiten. Für mich suchte Dr. Neumark etwas Leichteres aus: Er schickte mich in das Judenhaus Lothringerweg, um dort einer älteren Frau im Hause zu helfen. Plötzlich klingelte es in der gewohnten Weise, lange und unaufhörlich. Ich wußte, was das zu bedeuten hatte, und versteckte mich oben in einem Zimmer, konnte aber zitternd durch einen Spalt in die Diele schauen. Der »Spucker« und der »Schläger« stürmten herein, durchwühlten alles, fanden ein Tintenfaß und gossen es der in der Diele stehenden Frau auf ihr schönes, weißes Haar. Das stand nun in keiner Verordnung für Juden. Ich war glücklich, wieder einmal davongekommen zu sein.

Als das Kriegsgeschehen sich wendete und die ersten Niederlagen gemeldet wurden, wurde es für die Juden noch schlimmer. Jede Niederlage an der Front bekamen wir als die »Feinde im Reich« zu spüren. Dauernd kamen wieder neue einschränkende Gesetze heraus. Wir durften keinen Friseur mehr aufsuchen. Wir sollten eben aussehen wie die Figuren im »Stürmer«: liederlich und schmutzig. Aber den Gefallen taten wir ihnen nicht. Die Frauen haben sich die Haare zu Zöpfen geflochten, oder es hat sich jemand unter unseren Leuten gefunden, der die Haare schneiden konnte. Wir durften nur noch zwischen 15 und 16 Uhr einkaufen gehen. Was weitaus schlimmer war: Wir durften keine Zeitung lesen, das Radio, die Schreibmaschine, das Telefon mußten wir abgeben. Mit dem Stern waren wir völlig aus dem öffentlichen Leben ausgegrenzt, durften bestimmte Parkanlagen, den Bahnhof, Bibliotheken, Museen, Restaurants nicht betreten, keine Essensvorräte anlegen, keine Blumen einkaufen. Natürlich wurden wir auch nicht richtig entlohnt. Von unserem ohnehin geringen Lohn wurde auch noch eine sogenannte Judensteuer abgezogen.

Ab 1938 stand für alle Dresdner Juden nur noch ein jüdischer Arzt, Dr. Katz, ein älterer Herr, zur Verfügung. Offiziell durfte er sich nicht Arzt nennen, sondern fungierte unter der Bezeichnung »Krankenbehandler«. Katz war ein deutscher Jude, der im Ersten Weltkrieg gekämpft hatte und mit dem Eisernen Kreuz dekoriert worden war. Ein Nationaldeutscher, der gar nicht verstehen konnte, daß man ihn überhaupt verfolgte. Er war immer besonders korrekt, ich würde sagen, sogar ein bißchen kalt. Als ich eine Bescheinigung erbat, daß ich nicht in der Lage war, jeden Tag sieben Kilometer hin und

Dr. Willy Katz, der einzige Arzt, der uns nach 1938 noch behandeln durfte

sieben zurück zu laufen, hat er sie mir nicht erteilt. Er war auch schon ein bißchen zittrig. Einmal bekam ich eine Injektion, und er muß wohl irgendeinen Nerv getroffen haben; jedenfalls schwoll der Arm sehr an, und ich hatte große Schwierigkeiten, weiterzuarbeiten.

An eine Geschichte, die für die damaligen Umstände so bezeichnend ist, und die man sich damals erzählte, erinnere ich mich noch gut. In der Umgebung von Dr. Katz wohnte ein nichtjüdischer Arzt. Er bekam nun alle ehemaligen Patienten von Dr. Katz, der nur noch Juden behandeln durfte. Das reichte ihm aber nicht. Er hat Dr. Katz das Leben schwergemacht, wann immer es nur ging. Eines Tages ereignete sich ein Unfall auf der Straße vor dem Haus von Dr. Katz. Die Leute klingelten bei ihm und wollten ihn herausholen. Zuerst weigerte er sich, denn er durfte ja keine Nichtjuden behandeln, schließlich siegte sein ärztliches Gewissen. Er ging auf die Straße, und wer lag dort, von einem Auto angefahren? Die Frau dieses Arztes. Dr. Katz hat sie notverbunden und ihr Mann konnte nichts dagegen unternehmen. Wäre es aber nicht seine Frau gewesen, hätte er sicher eine Anzeige gegen Dr. Katz erstattet, da er als Jude eine Nichtjüdin behandelt hatte.

Im November 1942 wurde der »Kindergarten« von Zeiss-Ikon zum auswärtigen Arbeitseinsatz auf den Hellerberg, am Stadtrand von Dresden, geschickt. In Baracken standen dort Holzpritschen übereinander. Wir mußten dort als Unterlagen Strohsäcke stopfen und zunähen. Es war offensichtlich, daß hier ein Lager eingerichtet wurde, doch wir hatten keine Ahnung, für wen. Wir dachten, vielleicht für französische Kriegsgefangene. Erst als einige Wochen später alle Juden, mit Ausnahme der in Mischehe Lebenden, aus den Judenhäusern herausgetrieben wurden, wurde uns klar, daß dies für unsere eigenen Leute gedacht war. Auch die meisten meiner Kollegen wohnten nun im Lager und marschierten jeden Tag zu Zeiss-Ikon, darunter meine Tante und mein Onkel, die Rauchs. Sie alle warteten dort auf ihre Deportation. Der Hellerberg war eine Art Zwischenlager für die 300 Juden, die im März 1943 nach Auschwitz deportiert wurden. Als das Lager am Hellerberg sich wieder leerte, blieben nur noch die in Mischehe lebenden Juden und deren Kinder in Dresden zurück.

Als ich 1942 die Strohsäcke im Lager Hellerberg stopfen mußte, ahnte ich nicht, daß mir die Bilder von dort über ein halbes Jahrhundert später noch einmal sichtbar werden sollten. Mitte der neunziger Jahre erhielt ich einen Anruf aus Dresden, man hätte einen Dokumentarfilm über das Lager Hellerberg und den Einzug der dort internierten Häftlinge ausfindig gemacht. Ein ehemaliger Laborant oder Photograph des Goehle-Werkes habe im Auftrag der Firmenleitung damals einen Film drehen müssen. Beim Einmarsch der Roten Armee nahm er den Film an sich. 50 Jahre später übergab er

Das Lager am Hellerberg

ihn einem bekannten Dresdner Dokumentarfilmer. In mühsamer Kleinstarbeit hat dieser den bereits stark beschädigten Film so weit wiederhergestellt, daß er ihn abspielen konnte. Allerdings konnte er die Menschen in dem Film nicht identifizieren. Er lud mich nach Dresden ein, damit ich mir den Film ansehe und zur Vorbereitung der entstehenden Dokumentation beitrage. Ich war unheimlich aufgeregt, sah ich doch meine ehemaligen Freundinnen wieder, mit denen ich bei Zeiss-Ikon im »Kindergarten« gearbeitet hatte und die alle in Auschwitz umgebracht wurden.

Zwangsarbeit in der Kartonagenfabrik

Nach den Deportationen vom März 1943 wurde unsere Abteilung bei Zeiss-Ikon aufgelöst. In Dresden lohnte sich diese Arbeitsstelle für die wenigen noch verbliebenen Juden nicht mehr. Unser Schicksal war ungewiß und wir waren unheimlich verängstigt, da wir nicht wußten, was mit uns geschehen würde. Bald jedoch herrschte wieder Gewißheit, wir wurden von neuem eingeteilt. Einige kamen zur Reinigung Tempo, andere zu Mädler, einer Koffer-Firma, oder zu anderen kleineren Betrieben. Von den meisten hörte man wenig Gutes. Von einer Firma hieß es, der Chef sei anständig, das war die Kartonagenfabrik Bauer. Der Chef, Adolf Bauer, hatte zwanzig jüdische Arbeiter angefordert, und auch ich kam dorthin. Wahrscheinlich durch die Intervention Werner Langs, der früher oft mit Bauer im Dresdner Sport-Club zusammengetroffen war.

Die Fabrik lag in einer engen Gasse. Unsere Aufgabe war es, Salbendosen für Apotheken herzustellen. Ich arbeitete an Walzen, an denen Pappen zusammengeklebt wurden. Auf der Arbeitskleidung trugen wir den gelben Judenstern und außerdem eine gelbe Binde, damit wir auch von hinten zu erkennen waren. Auch hier gab es wieder Akkordarbeit, Tag- und Nachtschicht, immer abwechselnd. Wir wurden bei der Arbeit in Ruhe gelassen, und mehr verlangten wir ja nicht. Auch hatte ich nicht mehr ganz so weit zu laufen wie zum Goehle-Werk. Doch hörte meine Schicht um zwölf Uhr nachts auf, keine angenehme Zeit für ein achtzehnjähriges Mädchen, mehrere Kilometer alleine nach Hause zu laufen. Einmal hörte ich, noch entfernt von unserer Wohnung, in der Borsbergstraße, wie Schritte hinter mir näher kamen. Ein offensichtlich

Betrunkener ging mir nach. Er versuchte auch, mich anzusprechen. Ich nehme an, es war ein Kroate, von denen es damals einige in Dresden gab; jedenfalls hatte er einen solchen Akzent. Ich rannte, so schnell ich konnte, und kam gerade noch zu unserer Haustür. Er war hinter mir und stellte noch seinen Fuß in den Türspalt. Da hörte ich schon die Stimme meines Vaters – und er lief davon. Papa war daraufhin so besorgt um mich, daß er mich eine Zeitlang begleitete. Das war aber noch viel schlimmer, denn nun hatte ich auch noch Angst um ihn und außerdem dauerte es doppelt so lange. Er sah im Dunkeln nicht besonders gut und ich mußte ihn dauernd halten. Zudem war meine Mutter alleine zu Hause und wir machten uns Sorgen um sie. Ich sagte nach ein paar Tagen, nein, ich ginge lieber alleine, und das war trotz der unangenehmen Tageszeit auch besser so.

Als ich wieder einmal Nachtschicht hatte, kam Herr Bauer zu uns herein. Er war Mitte Dreißig, ein hochgewachsener, gutaussehender Mann, immer mit schweren Motorrädern unterwegs. Anfangs waren wir sehr mißtrauisch. Er erklärte, er wolle uns unterstützen und stünde auf unserer Seite. Wir hatten aber gehört, er wäre Nationalsozialist mit goldenem Parteiabzeichen und schon als junger Mann in die SS eingetreten. Wir wußten also nicht, was wir von ihm denken sollten. Manchmal brachte er uns sogar etwas zu essen, obwohl wir ihm sagten, er solle es sein lassen, aus Angst, es könnte entdeckt werden. Er war jedoch in dieser Hinsicht sehr naiv, grüßte uns auch auf der Straße. Das durfte aber niemand, schon gar nicht der Chef, denn wir waren ja praktisch seine Sklavenarbeiter.

Tagsüber arbeitete neben uns noch eine »arische« Schicht, von sieben Uhr morgens bis nachmittags um fünf. Wir fingen um zwei Uhr nachmittags an, hatten zwar keinen direkten Kontakt zu dieser Schicht, standen aber doch drei Stunden nebeneinander. Sie merkten aber auch, daß Bauer uns manchmal leichte Aufgaben zuteilte. Eines Nachts kam er zu uns, diesmal aber mit anderer Miene: Ob wir denn nicht den Mund gehalten hätten, er wäre zur Gestapo bestellt worden. Dort hätte man ihm gesagt, er gehe zu gut mit uns um. Er machte uns Vorwürfe, dabei hatten wir natürlich nichts verraten, sondern es lag daran, daß er zu offensichtlich gehandelt hatte. Jetzt hatten wir alle Angst: er und wir. Geholfen war dabei keinem. Daraufhin wurden wir zu schweren Arbeiten eingesetzt. Ich kam zuerst an eine Etikettiermaschine, dann mußte ich an einem großen Expander arbeiten, der schwere Pappen ausstanzte. Die Maschine war so groß und schwer, daß sie nicht im Fabrikgebäude stehen konnte, sondern im Hof abgestellt war, um sie herum ein kleines Bretterhäuschen. Wir haben es das Hexenhäuschen genannt. Dort sind schreckliche Betriebsunfälle vorgekommen. Eine Kriegsgefangene ist mit ihren Haaren hineingekommen und regelrecht skalpiert worden. Werner Lang war beim Nachschieben der Pappen an einer Schneidemaschine einen Moment unaufmerksam, als ich plötzlich einen Schrei hörte und ihn blutüberströmt sah. Instinktiv hatte er sich den Finger in den Mund gesteckt. Nachdem wir Erste Hilfe geleistet hatten, kam schließlich der einzige für uns erlaubte Arzt, Dr. Katz, herbeigeeilt und stellte fest, daß Werner sich die Fingerkuppe abgeschnitten hatte. Werner war ein Mensch, der auch in den schwierigsten Situationen einen Scherz bereit hielt. Als er seine abgeschnittene Fingerkuppe sah, verkündete er, er wolle diese in Spiritus einlegen und sich als Andenken aufbewahren.

Auch ich hatte einmal einen »Betriebsunfall«. Ich ging die alte, ausgetretene Holztreppe in den Arbeitsraum hinunter. Auf den frisch gewischten Holzplanken rutschte ich aus und trat mit aller Wucht in einen mit Wasser gefüllten Eimer. Die mußten laut Luftschutzverordnung in allen Räumen stehen. Als ob das bei einem Angriff geholfen hätte. Ich saß also auf dem Boden, den Fuß im Eimer, das Wasser ergoß sich über mein Bein. Aufstehen konnte ich nicht und alle dachten, ich hätte das Bein gebrochen. Das war aber nicht der Fall, nur: Mein Fuß steckte in dem Loch im Eimer. Wie kann man denn aber mit dem Fuß einen Eimer durchbohren? Damals waren die Eimer aus dicker Pappe. Werner Lang eilte herbei, ein Kollege kam mit dem Verbandszeug, und ich mußte trotz der Schmerzen laut lachen. Nun sei der schöne Eimer hin, witzelte Werner Lang. Durch den Sturz war ich mit dem Bein unter einen Tisch geraten, der hinter dem Eimer stand. Der Tisch hatte eine Holzleiste, an der ich mir das Bein aufgerissen hatte. Werner Lang hielt die klaffende Wunde zusammen, und der andere Kollege klebte ein Pflaster drauf. Aber das Schlimmste kam noch. Ich mußte nach Hause laufen und am nächsten Tag wieder zur Arbeit. Die Wunde fing an zu nässen, das Pflaster mußte gewechselt werden. Ich fing ganz vorsichtig an zu zupfen, es tat höllisch weh. Werner Lang sagte: »Guck mal aus dem Fenster, wer da geht.« Ich tat es und in dem Moment riß er mir mit einem Ruck das Pflaster ab. Die Narbe sieht man heute noch und bei Wetterumschwung schmerzt sie meistens.

Viel Erheiterndes gab es nicht für uns in dieser Zeit, aber eine halb lustige, halb gefährliche Sache ist mir einmal passiert. Bauer stellte auch sterile Salbendosen für Apotheken her. Einmal mußte ich einen solchen Karton mit ebensolchen sterilen Dosen in einen anderen Raum tragen. Da kam Bauer mit dem Direktor des Arbeitsamtes herein, um ihm die Produktion der Salbendosen zu zeigen. Wie es das Unglück wollte, öffnete sich der Karton unten und alle Döschen fielen auf den nicht gerade sterilen Boden. Ich erstarrte vor Schreck. Bauer zog den Direktor schnell weg. Sinnigerweise hatte er den Namen Beinlich, woraufhin Werner Lang zu mir sagte: »Ach, wie beinlich.« Bei Bauer mußte auch meine Mutter Zwangsarbeit leisten. Da sie nur tagsüber arbeitete, konnten wir den langen Fußweg nicht zusammen laufen. Mein Vater aber ließ meine Mutter nicht alleine gehen und begleitete sie auf dem Hin- und Rückweg.

Einer meiner Arbeitskollegen bei Bauer war eine kurze Zeit lang Victor Klemperer, der diese ganze Zeit ja akribisch in seinen Tagebüchern aufgezeichnet hat. Für uns war er ein etwas verknöcherter alter Herr, dessen deutschnationale Einstellung bekannt und nicht sonderlich beliebt war. Er war das, was man als »zerstreuten Professor« bezeichnete, hatte es nicht leicht bei der Arbeit, und Freunde, die mit Klemperer im »Judenhaus« wohnten, erzählten uns, daß er sich bei Fliegeralarm immer etwas zu essen mit in den Luftschutzkeller genommen, dabei aber regelmäßig sein Gebiß in der Wohnung vergessen hatte.

Eva Klemperer war eine tapfere und mutige Frau. Sie hat nicht nur treu zu ihrem Mann gehalten, sondern half auch vielen Bewohnern der Judenhäuser, indem sie manchmal kleine Besorgungen erledigte. Dabei war sie selbst in einer schweren Lage. Den größten Mut bewies sie, als sie die Tagebücher ihres Mannes nach Pirna schaffte, denn das war lebensgefährlich – auch für die Ärztin, die sie aufbewahrte.

Solche Frauen und Männer jüdischer Partner, zu denen auch mein Vater gehörte, sollte man viel mehr ehren. Es gab auch andere Fälle. Frauen ließen sich, aus Angst vor Repressalien, von ihren jüdischen Ehemännern scheiden und umgekehrt wollten Männer nicht ihre Karriere oder ihr Vermögen aufs Spiel setzen. Der jüdische Partner aber war dann »vogelfrei« und konnte sofort deportiert werden.

Bei Bauer arbeiteten auch Kriegsgefangene, Russen und Franzosen. Ein Franzose, Josef, kam oft auf mich zu, um mir bei der schwersten Arbeit zu helfen – es mußten große, mit heißem Leim verklebte Pappen abgezogen und in Walzen eingelegt werden. »Du halbe Portion ausruhen, ich dir machen schnell Akkordarbeit.« Die Franzosen bekamen etwas Schokolade, wollten aber gerne Brot dafür. Der Josef legte mir dann manchmal ein Stück Schokolade ans Fenster, die wir ja nie bekamen; ich legte ihm dafür ein Stück Brot hin. Er mußte die fertigen Salbendosen mit einem Pferdewagen in die Apotheken ausfahren. Eines Tages klingelte es bei uns zu Hause. Unten stand der Pferdewagen, darin saß Josef mit seiner Gefangenenuniform, hinten drauf geheftet das rote Dreieck. Er mußte in der Nähe etwas abliefern und kam bei uns vorbei, um einen Teller warme Suppe zu essen. Meine Mutter gab ihm die Suppe, doch beschwor sie ihn, bloß nicht mehr zu kommen. Wir wären ja alle sofort verhaftet worden, wenn man erfahren hätte, daß ein Kriegsgefangener Juden besuchte. Wir durften ja auch nirgends mehr ohne Erlaubnis hingehen. Das heißt, unsere einzigen erlaubten Wege waren die zur Arbeit, während den erlaubten Zeiten zum Einkaufen und zu Dr. Katz – aber nur mit Bescheinigung der jüdischen Gemeinde. Nach dem Krieg erzählte uns jemand, der Josef wäre angeblich beim Angriff mit seinem Pferdewagen durch den Bombenkrater einer zerstörten Brücke in die Elbe gestürzt.

Herrn Bauer sahen wir einmal zwei Wochen lang überhaupt nicht. Plötzlich kam er mit zwei Männern in langen Ledermänteln und Schlapphüten herein. Ich sehe ihn noch vor mir stehen, wie er oben an der Türe wartete, leichenblaß. Er sah sehr mitgenommen aus, links und rechts neben ihm die beiden Nazis. Sie suchten Leute aus und nahmen sie mit. Darunter Frau Agunthe, deren Mann einmal Leiter des Dresdner Rundfunks gewesen war und seine Stellung wegen der jüdischen Frau verlor. Da hieß es: »Wo ist die Jüdin Agunthe?« Die Frau wurde leichenblaß, sie wußte genau, was los war. »Mitkommen!« lautete der Befehl. Sie wollte noch auf die Toilette gehen, wir nahmen an, um sich zu vergiften. Daran haben sie sie aber gehindert und ihr gleich die Arbeitskleidung abgenommen. Es war klar, daß sie nie wieder zurückkommen sollte. Gehört haben wir nicht wieder von ihr.

Diese Selektionen gingen weiter, tagelang, wochenlang. Immer wieder wurde aussortiert. Immer kam einer weg. 1944 wurde Werner Lang von Bauer zu Thinnig und Möbius versetzt, eine Strafmaßnahme, vermuteten wir. Oder mußte Bauer unter dem Druck der Gestapo handeln? Wir hatten das Gefühl, daß Herr Bauer und wir dafür büßen mußten, daß er uns relativ gut behandelt hatte. Wir lebten in der ständigen Angst, die nächsten zu sein, die sie abholen kamen. Die Angst war unbeschreiblich, sie hat uns fast verrückt gemacht. Wir waren vollkommen der Willkür der Nazis ausgesetzt, denn für uns war überhaupt keine Systematik in den Aussortierungen erkennbar. Niemand wußte, wem es am nächsten Tag an den Kragen gehen sollte.

Es war ein entsetzliches Leben. Die Angst war schlimmer als alles andere, als der Hunger und selbst als der Stern. Herr Bauer ließ uns in Zukunft in Ruhe, er tat nichts Gutes mehr, aber auch nichts Schlechtes. Meiner Meinung nach hat er ein Rechts-Links-Spiel betrieben. Wenn es einmal anders kommen sollte, wenn Hitler am Ende wäre, könnte er dann sagen, er habe sich anständig benommen, und man würde ihm auch als ehemaligem Nationalsozialisten nichts tun. Ich weiß nicht, ob es wirklich so war, ich glaube es wenigstens. Er wollte, daß nach dem Zusammenbruch noch einige von uns lebten, um für ihn auszusagen. Tatsächlich verlangte er nach dem Krieg Gutachten von uns. Mein Vater wollte ihm aber keins geben, denn er meinte, hätte Hitler die Oberhand behalten, dann hätte Bauer uns sicherlich an die Gestapo ausgeliefert.

Nur ein Angriff kann uns retten

Anfang 1945 teilte Bauer uns mit, ab jetzt gebe es nur noch eine Tagschicht, keine Nachtschicht mehr. Wir wußten nicht, was dies zu bedeuten hatte. Am 13. Februar wurde uns von Werner Lang, der wie Klemperer im Auftrag der jüdischen Gemeinde Unglücksbotschaften auszuhändigen hatte, ein Brief übergeben, in dem uns alles klar wurde: Nun waren auch wir dran. Am 16. Februar sollten wir uns auf dem Zeughausplatz einfinden, dort, wo einstmals die Synagoge stand, mit Marschverpflegung, mit Decken, es gehe zum auswärtigen Arbeitseinsatz. Lang selbst war übrigens auch für die Deportation vorgesehen, während Klemperer, wie in seinen Tagebüchern nachzulesen ist, verschont blieb. Niemand weiß, warum.

»Auswärtiger Arbeitseinsatz«, das bedeutete KZ, wahrscheinlich Theresienstadt. Wir beschlossen, dieser Aufforderung auf keinen Fall Folge zu leisten, sondern den Stern herunterzureißen und unterzutauchen. Auch wenn dieses Unternehmen wenig Aussicht auf Erfolg hatte, besser als ins KZ zu kommen, war es allemal. Wenn wir schon umkommen müssten, dann nicht im KZ! Mein Vater sagte damals, halb im Ernst, halb im Spaß: »Das einzige, was uns retten kann, ist ein großer Angriff auf Dresden!«

In der Nacht vom 13. auf den 14. Februar waren wir also nicht in der Fabrik. Der einzige, der dort war, war der Prokurist. Meiner Meinung nach hatte Bauer, wie auch die Nazigrößen, vom bevorstehenden Angriff Wind bekommen. Er wollte uns retten, damit wir nach dem Krieg für ihn aussagen könnten, gleichzeitig aber seinen Prokuristen und noch einige Leute, die zuviel von seiner Nazivergangenheit wußten, beseitigen. Genauso ist es gekommen: Die Fabrik lag in Schutt und Asche, der Prokurist und seine Kollegen waren darunter verschüttet. Hätten wir, wie sonst immer, Nachtschicht gehabt, hätten auch wir unter den Trümmern gelegen.

Viele Nazigrößen sind rechtzeitig aufs Land geflüchtet. So auch der Gauleiter Mutschmann, der seine ganze Villa, die er übrigens von einem jüdischen Bankier geraubt hatte, noch schnell ausgeräumt hatte. Selbst seine Teppiche brachte er noch in Sicherheit, der Dresdner Bevölkerung aber gab er keine Warnung. Das alles wurde uns natürlich erst hinterher klar. Wir hatten ja nichts geahnt, wenn auch die Hoffnung vorhanden gewesen war.

Als in der Nacht des 13. Februar, vom Faschingsdienstag auf Aschermittwoch, die Sirenen zu heulen begannen, lag mein Vater in seiner Tageskleidung auf dem Bett wie gelähmt von der Wirkung des Deportationsbescheids. Es war das erste Mal, daß ich ihn in voller Kleidung auf dem Bett liegen sah, das machte er sonst nie. Wir dachten zuerst an einen Fehlalarm, den es ja schon oft gegeben hatte. Schließlich hatten wir ja kein Radio mehr und hatten die Meldung nicht gehört, daß ganze Fliegergeschwader im Anflug auf Dresden waren. An unserer Türe klingelte es. Der Luftschutzwart, ein älterer, anständiger Mann, bat uns, in den Keller zu kommen, obwohl es für uns verboten war. Mein Vater erwiderte, »Wir dürfen doch nicht mit hinuntergehen.« – »Nein, kommen Sie, kommen Sie alle mit in den Keller«, fuhr der Luftschutzwart fort und nahm uns alle mit hinunter. Am Himmel wurden bereits »Christbäume« sichtbar, dreieckige Lichtsignale über den zu bombardierenden Stadtteilen. Es sah gespenstisch aus. Wir gingen in den Keller und kurz darauf prasselten die Brandbomben auf unser Haus.

Wären wir in der Nacht in der Fabrik gewesen und von dort noch herausgekommen, so hätte uns unser erster Weg in das sogenannte »Judenhaus« in der Sporergasse geführt. Es war ein altes, verwanztes Gebäude, von einer Seite abgegrenzt durch die ehemalige Stadtmauer. Freunde, die dort wohnten, sagten uns immer, bei einem Angriff kommt ihr schnell zu uns, hier seid ihr sicher, denn die dicken alten Mauern halten. So war es auch, aber anders als erwartet. Während des Angriffs stürzte das Haus durch Bombeneinschlag ein und begrub die Menschen im Keller. Niemand konnte sie herausholen, obwohl man noch stundenlang aus dem Innern des Hauses Klopfzeichen gehört hat. In diesem Inferno gab es keine Hilfskräfte, geschweige denn Bagger oder ähnliches, die die alten Mauern hätten aufbrechen können. Ein Arzt, der Bruder von Werner Lang, war unter den Verschütteten. Wir hofften, daß er genügend Zyankali dabei hätte, um allen einen qualvollen Erstickungstod zu ersparen. Ungefähr vierzig der noch etwa 170 in Dresden lebenden Juden sind dort umgekommen, von der Hand ihrer Befreier, so kurz vor dem Ende. Für uns dagegen war der Angriff, so makaber es klingt, die Rettung, und genauso empfanden wir ihn.

In unserem Luftschutzkeller waren fast nur Frauen und Kinder, denn die Männer waren ja an der Front. Wir hörten die Brandbomben über uns, auch unser Haus war getroffen. Es stand zwar noch, aber es brannte. Als wir aus dem Luftschutzkeller wieder auf den Hof hinaustraten, wehten die Gardinen unserer brennenden Wohnung zum Fenster hinaus, denn Scheiben gab es nicht mehr. Mein Vater wollte unbedingt noch einmal in die Wohnung, um Dokumente zu holen. Ich fing an zu weinen und auf ihn einzuwirken: »Bitte, geh nicht!« Er ließ sich nicht abbringen. In der letzten Minute kehrte er zurück, danach brannte das Haus lichterloh. Er brachte die Unterlagen über seinen ehemaligen Besitz in der Alaunstraße sowie ein bißchen Geld und Schriftstücke mit. Wir setzten uns nun alle in Bewegung, mit Mundschutz und Stahlhelmen auf dem Kopf, um uns gegen Brandgeruch und herabfallende Steine zu schützen. Als erstes rissen wir den

Der Vertrauensmann
der Reichsvereinigung der Juden
in Deutschland für den Bezirk Dresden
Dr.Ernst Israel Neumark

Fräulein

Henny Sara Wolf,

Dresden - A 19
Glashütter-Str.24

Dresden, den 12.Februar 1945
Zeughausstr.3 Ruf Nr.14002

Auf Anweisung der vorgesetzten Dienststelle, der Geheimen Staatspolizei Dresden fordere ich Sie auf, sich

Freitag, den 16.Februar 1945, früh 6 [45] Uhr

pünktlich im Grundstück Zeughausstr.1, Erdgeschoß rechts, einzufinden.

Sie haben damit zu rechnen, daß Sie außerhalb Dresdens zum Arbeitseinsatz kommen.

Sie wollen am Freitag Ihr Gepäck und für 2-3 Tage Marschverpflegung mitbringen. Es darf 1 Koffer oder 1 Rucksack(nicht beides) mitgenommen werden. Größe und Gewicht des Koffers oder Rucksacks dürfen die Maße eines Handgepäckstücks nicht übersteigen. Sie müssen damit rechnen, daß Sie das Gepäck eine größere Strecke Weges selbst tragen müssen. Empfehlenswert ist es, an demselben den Namen des Besitzers anzubringen.

Mitzunehmen ist:

Vollständige Bekleidung, ordentliches Schuhwerk, Arbeitskleidung, 1 mal Bettwäsche, Decke (keine Daunen-oder Steppdecke), Eßgeschirr (Teller und Topf mit Löffel), Trinkbecher.

nicht mitgenommen werden dürfen:

Wertpapiere, Devisen, Sparkassenbücher, Streichhölzer, Kerzen.

Außer dem Koffer oder Rucksack dürfen Frauen eine Damenhandtasche normaler Größe mit sich führen. Die Decke darf über dem Arm getragen werden.

Der Lebensmittelkartenbezug ist bei der zuständigen Stelle für den 18.Februar 1945 abzumelden; die Abmeldebescheinigung ist spätestens am Freitag früh bei mir abzugeben. Die jüdische Kartenstelle ist Dienstag, den 13.Februar 1945 bis Donnerstag, den 15.Februar 1945 von 7-16 Uhr geöffnet. Die restlichen Lebensmittelkarten sind hierbei abzuliefern.

Ich weise nachdrücklich darauf hin, daß dieser Aufforderung ungeachtet aller bestehenden Arbeitsverhältnisse unbedingt Folge zu leisten ist. Anderenfalls sind staatspolizeiliche Maßnahmen zu gewärtigen.

Ich bitte, mir den Empfang dieses Schreibens auf dem unteren Anhang desselben zu bestätigen.

Der Vertrauensmann
der Reichsvereinigung der Juden in Deutschland
für den Bezirk Dresden
Dr.Ernst Israel Neumark

Der Deportationsbefehl – Mit diesem Brief wurden wir zum »auswärtigen Arbeitseinsatz« aufgefordert

Stern vom Mantel. Natürlich wußten wir nicht genau, wohin: Hauptsache, in ein nicht zerstörtes Viertel.

So rannten also auch wir durch das brennende Dresden, den Stern und den Deportationsbefehl in einem kleinen Rucksack auf dem Rücken. Wir versuchten zuerst, uns davon zu überzeugen, daß die Gestapo brannte und liefen Richtung Bahnhof. Es war kein Durchkommen, doch innerlich jubelten wir, als entgegenkommende Leute erzählten, alle Gebäude hinter dem Bahnhof wären abrasiert worden. Das hieß, auch die Gestapo mit allen ihren Akten war verbrannt. Dachten wir wenigstens. Erst später erfuhren wir, daß zumindest einige davon noch rechtzeitig in Sicherheit gebracht worden waren. Damals erschien uns die Zerstörung des Gestapogebäudes jedoch als Trost.

Plötzlich, gegen ein Uhr nachts, ertönte wieder Alarm. Alles rannte, wir mit. Sofort in den nächsten Keller hinein. Jemand hatte einen Radioapparat laufen und es wurde der zweite Angriff angekündigt. Im Keller waren wieder fast nur Frauen und kleine Kinder, aber auch ein Schäferhund, der völlig verstört war und laut jaulte. Mein Vater orientierte sich sofort nach dem Notausgang, der durch Sandsäcke verstellt war. Er versuchte, die Frauen zu beruhigen, denn er war der einzige Mann. Es dauerte vielleicht eine halbe Stunde, dann konnten wir wieder raus. Ich sagte, wir brauchen Luft, nichts wie weg aus der Stadt, wir müssen Richtung Elbe laufen.

Wir liefen Richtung Stadt. Wir wußten ja nicht, daß es überall brannte und daß die ganze Stadt zerstört war. Doch bald merkten wir, daß an ein Vorwärtskommen nicht zu denken war. Aus einer kleinen Gasse hinterm Altmarkt, ich denke, der Webergasse, wurden wir von einem Feuersog ergriffen. Es sah auf einmal aus, als ob meine Mutter wegfliegen würde. Mein Vater sagte: »Nichts wie weg von hier.« Wir gelangten zur Zeughausstraße und sahen dort das Haus der jüdischen Gemeinde in Flammen. Zwei Tage später hätten wir

Das zerstörte Dresden

uns dort treffen sollen zum Abtransport. Welche Ironie, daß wir mit dem Deportationsbescheid im Rucksack nun vor dem brennenden Gebäude standen! Wir suchten nach Werner Lang, unserem Bekannten, aber in diesem Haus war niemand mehr anzutreffen. Überall standen mit Kreide Nachrichten an die Häuserwände geschrieben: »Wir leben noch. Wir sind bei Tante Ilse«, oder etwas ähnliches. Das konnten wir natürlich nicht machen, denn wir durften ja keine Spuren hinterlassen. Mein Vater hatte sich in den Kopf gesetzt, zu unserem Grundstück in die Alaunstraße zu laufen. Aber es war unmöglich, bis dorthin durchzukommen. Schließlich flüchteten wir uns auf die nahe gelegenen Elbwiesen.

Der Morgen brach an. Es war ein kalter Februartag, die Sonne kam glutrot hinter den schwarzen Wolken hervor. Der Himmel blieb noch lange kohlrabenschwarz. Wir liefen weiter. Plötzlich ein Rauschen über uns: ein neuer Angriff. Zusammen mit den Tausenden, die mit uns an den Elbwiesen waren, warfen wir uns flach zu Boden. Die Bomben landeten wenige Meter von uns entfernt. Langsam wurde es ruhig, wir standen auf. Einige blieben liegen, sie waren von den Bomben zerfetzt worden. Andere standen auf, aber ein Arm blieb liegen, wieder anderen war ein Bein abgerissen worden. Es war ein grausamer Anblick. Überall Tote und Verletzte. Andere hatten den Verstand verloren, saßen nackt in Decken gehüllt und murmelten vor sich hin. Leichen hingen in den Bäumen. Zu einem neben uns liegenden Kind sagte mein Vater: »Steh doch auf«, doch es konnte nicht mehr aufstehen. Plötzlich rief mein Vater: »Schaut mal dort, die Tiere!« Es war ein unglaublicher Anblick: Tiere waren aus dem Zirkus Sarrasani ausgebrochen und liefen auf der anderen Elbseite umher. Man hörte noch Wochen später, daß Schlangen aus dem Zirkus in den Kellern von Leuten auftauchten.

Wir taumelten weiter. Es muß wohl gegen Mittag gewesen sein, als wir an das »Blaue Wunder«, die Loschwitzer Brücke, gelangten. Sie hatte zwar einen Bombenkrater, war jedoch begehbar. Auf der anderen Seite wohnte eine Bekannte von uns, die mit mir bei Bauer Zwangsarbeit geleistet hatte. Sie lebte auch in einer sogenannten privilegierten Mischehe, ihr Mann war nichtjüdisch. Alles war dort stehengeblieben: Die Viertel Weißer Hirsch und Loschwitz waren nicht bombardiert worden. Wir waren so rußgeschwärzt, daß sie uns zuerst gar nicht erkannte. Ein paar Tage konnten wir bei ihr bleiben und in Feldbetten schlafen. Sie holte gleich Kartoffeln, die wir mit Schale aßen, zum Entsetzen meiner Mama. Nach ein paar Stunden kam Werner Lang. Wir hatten ihn vorher gesucht, und es stellte sich heraus, daß wir im Chaos aneinander vorbeigelaufen waren. Jeder hatte den anderen unter Bomben verschüttet geglaubt.

Warten auf das Ende

Nach einigen Tagen klingelte es, und wer stand vor der Türe, mit einem schweren Motorrad neben sich? Herr Bauer, dessen Haus ausgebombt war. Jetzt hatten nicht wir Angst vor ihm, sondern er vor uns. Man hatte ja anfangs gedacht, nach dem Angriff bräche alles zusammen; das sei nicht nur das Ende Dresdens, sondern des »Dritten Reiches«. Anders konnte man dieses Inferno gar nicht deuten. Daß danach überhaupt noch eine Kontinuität des vorherigen Lebens möglich war, schien unvorstellbar. Doch leider war das Ende noch nicht so nahe, wie wir erhofften. Es sollte sich zeigen, daß jene letzten Monate des »Tausendjährigen Reiches« die qualvollsten für uns werden würden.

Unsere Bekannte war mit Herrn Bauer ein bißchen befreundet und nahm ihn auf, denn die beiden hatten bereits vorher einen Plan geschmiedet. Wenn ihr die Deportation gedroht hätte, hätte sie sich als Rote-Kreuz-Schwester verkleiden und in einem Lazarett helfen sollen. Die Kleidung hätte er besorgt. Für den Fall eines Angriffs hatte sie versprochen, ihn bei sich unterzubringen, falls ihr Haus stehen bliebe. Als dann von Bauer die Bemerkung fiel, sie wolle aus ihrem Haus doch nicht etwa eine Judenburg machen, legte sie uns nahe, das Haus besser zu verlassen. Sie könne auf Dauer nicht so viele Menschen aufnehmen. Wir sahen das auch ein, denn dadurch brachten wir sie und ihren Mann in Gefahr. Aber wir hatten keine Bleibe. So zogen wir erst einmal mit dem Handkarren durch die zerbombte Stadt. Es war nach dem Angriff üblich, einfach in leere Häuser zu ziehen, um irgendein Dach über dem Kopf zu haben. Wir gingen mit Werner Lang in ein leerstehendes Haus in Blasewitz, das auch einem in Mischehe lebenden Ehepaar gehört hatte. Sie waren in die Umgebung geflüchtet. Tagsüber verließen wir das Haus nie, bis zum 8. Mai nicht. Wir waren ja nicht mehr angemeldet und man sollte denken, wir seien beim Angriff ums Leben gekommen. Lediglich mein Vater ging ab und zu nach draußen, um Lebensmittel zu besorgen, da er noch eine Lebensmittelkarte hatte. Mit einem alten Fahrrad fuhr er aufs Land, um etwas zu essen zu besorgen. Das war auch nicht ungefährlich, denn erstens gingen überall noch Zeitzünder hoch, zweitens kam es noch zu kleineren Fliegerangriffen, und drittens stand auf »Hamstern« die Todesstrafe.

Ihm gelang es, auch für meine Mutter und mich Fahrräder zu beschaffen, denn wir waren dauernd in Gedanken auf der Flucht. Auf der Flucht vor den Deutschen, vor den Russen. Am besten könnte man sich vielleicht auf dem Land verstecken. Wer weiß, wozu uns ein Fahrrad noch nützen könnte, dachte mein Vater. Leider nutzten uns seine ganzen Bemühungen nichts. Die Flucht aufs Land per Fahrrad scheiterte an den mangelnden Fahrkünsten meiner Mutter. Werner, der sich im gleichen Haus versteckte, versuchte ihr mit viel Mühe, die Kunst des Fahrradfahrens beizubringen. Im Dunkeln natürlich und nur im Hinterhof, denn tagsüber konnten wir das Haus ja nicht verlassen. Sie lehnte nur immer an ihm, anstatt sich gerade aufs Fahrrad zu setzen. Ich hörte nur, wie er verzweifelt ausrief: »Ja, in die Pedale treten muß man schon.« Sie hing schief über der Lenkstange, er versuchte, zu rennen und das Fahrrad zu schieben, ja sogar ihre Füße hochzuheben. Es war uns beileibe nicht zum Lachen zumute in dieser Zeit, doch ich konnte mich nicht mehr halten und lachte laut los. Alle Mühe war vergebens, wir blieben in der Stadt. Werner stieß einen Stoßseufzer aus: »Vergebene Liebesmühe.«

Einmal klingelte es Sturm an der Haustür. Wir erschraken bei jedem Geräusch, vor allem beim Klingeln, denn immer dachten wir, jetzt holen sie uns. Es kam aber nicht die Gestapo, sondern Ernst Neumark, ein jüdischer Rechtsanwalt. In der Nazizeit durfte er sich nur noch »Konsulent« nennen. Ein ganz gerader und aufrichtiger Mensch, der nie etwas Unrechtes hatte tun können und sogar nach dem Angriff noch mit dem Stern herumlief. Er war »Vertrauensmann der Reichsvereinigung der Juden in Deutschland«. Mit seinem Verhalten brachte er sich und andere in Gefahr. Denn die Gestapo entdeckte ihn, als er kurz nach dem Angriff auf der Straße ging. Die bekannte schwarze Limousine hielt an, man zerrte ihn hinein und fragte sofort: »Was, du Judenschwein lebst noch? Bis morgen besorgst du uns die Adressen von allen überlebenden Juden.« Neumark kam in seiner Verzweiflung zu uns, um dies zu erzählen. Das war aber auch gefährlich für uns, denn man hätte ihm ja folgen können. Er flüchtete sich dann in die Wälder. Von sich aus hat er niemanden verraten. Trotzdem waren wir schockiert, daß nach dem Angriff, dem völligen Chaos, die Gestapo nichts Besseres zu tun hatte, als nach den wenigen noch in Dresden lebenden Juden zu suchen. Wir fühlten, wie lang ein Vierteljahr sein kann.

Das Schlimmste stand uns noch bevor. Eines Tages sahen wir von unserem Fenster aus zu unserem Entsetzen eine Familie mit Kindern zielstrebig auf unser Haus zusteuern. Der Mann in SA-Uniform, eine Frau, zwei Kinder, mit einem Handkarren hinter ihnen. Sie zogen in unser Haus ein, Wand an Wand mit uns. Wir fürchteten, daß er um unsere wahre Identität wisse; es fiel ja auf, daß wir niemals das Haus verließen. Als der SA-Mann einmal Radio hörte, lauschte Werner an der Tür. In dem Moment wurde die Tür geöffnet. Zum Glück aber passierte nichts. Die Kinder waren entsetzlich. Sie schrien immer: »Der Führer hat noch eine Wunderwaffe« und »Wenn die Russen kommen, gießen wir ihnen heißes Wasser auf den Kopf«. Als die Russen wirklich kamen, sah alles ganz anders aus. Wir waren nahe dran, sie den Russen zu übergeben, aber mein Vater ließ dies nicht zu. Man könnte nicht den Kindern ihren Vater wegnehmen. Am 7. Mai, man hörte schon die russischen Panzer nahen, verbrannte der SA-Mann seine Uniform, die Kinder legten ihre Hakenkreuze in die Straßenbahnschienen. Sie wollten alle Spuren verwischen. Der SA-Mann selbst war völlig betrunken. Er lallte, er habe eine jüdische Großmutter in Amerika; aus Angst und um sich zu retten. Er wußte also, daß wir Juden waren.

Befreit – und trotzdem voller Angst

Am 8. Mai kamen die Russen, unsere Befreier. Die Panzer mit den Kampftruppen rollten über das »Blaue Wunder«. Das erste, was man wahrnahm, waren die Soldaten, die in die Häuser eindrangen, um zu plündern und die Frauen zu vergewaltigen. Zuerst freuten wir uns. In dieser Stunde, nach all den Jahren der Demütigung und Angst, dachten wir erst einmal: Das geschieht ihnen recht. Doch bald merkten wir, daß wir uns selbst in acht zu nehmen hatten und wieder in der Rolle der Opfer waren. Nichts interessierte sie, nur Madka und Vodka. Wir riefen ihnen zu: »Evrej« (Jude), da haben sie nur gelacht und geantwortet: »Nix Evrej, Hitler alle kaput, du Spion!« Wir liefen also zusammen mit den Deutschen in den Keller. Dort entdeckte mein Vater eine Doppelwand, hinter der die Frauen sich versteckten. Auch ein kleines Kind war dabei. Dem mußten wir den Mund zuhalten, damit es still war und die Russen uns nicht entdeckten. Wir hätten uns nicht träumen lassen, daß wir uns erst einmal vor unseren Befreiern hätten verstecken müssen. Die Soldaten klopften mit ihren Gewehren die Wände ab. Mein Vater führte sie dann durch das Haus. Als sie sich dem Keller näherten, ließ er absichtlich die Laterne fallen. Wir hörten einen Schuß und dachten: »Jetzt ist alles aus. Wir haben alles überlebt, aber die Befreier haben meinen Vater am ersten Tag in Freiheit umgebracht.« Die Russen waren im Dunkeln unsicher, und ich hörte, wie sie das Haus verließen. Ich kletterte durch das Kellerfenster ins Freie und entdeckte meinen Vater. Auch er hatte sich durch ein Kellerfenster in Sicherheit bringen können. Diese Szenen konnten sich jede Nacht wiederholen, dachten wir und flüchteten aus diesem Haus in die Ruine, in der wir

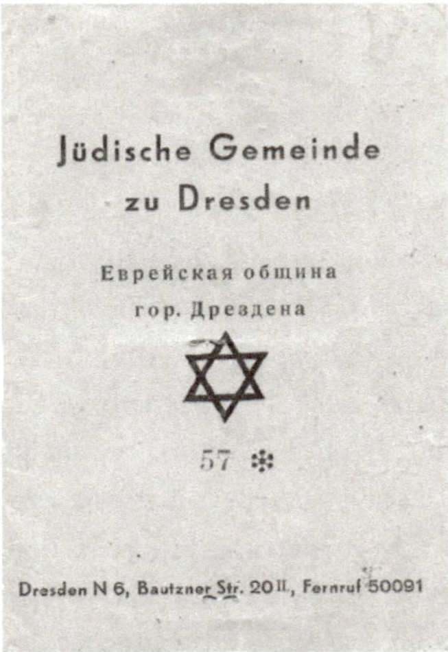
Jüdische Gemeinde
zu Dresden

Еврейская община
гор. Дрездена

57

Dresden N 6, Bautzner Str. 20 II, Fernruf 50091

Mein Ausweis mit russischem und deutschem Text

ausgebombt worden waren. Dort war es noch unheimlicher und unangenehmer. Schließlich hörten wir von der Wohnung von Freunden, die noch halbwegs stand und in die wir nun zogen. Doch in der nächsten Nacht ging das gleiche Theater wieder von vorne los. Gewehrkolben schlugen an die Tür, Stimmengewirr. Ich versuchte, sie wiederum davon zu überzeugen, daß wir Juden waren, die hier versteckt überlebt hatten, und stieß, wie in der Vornacht, auf ungläubige Gesichter. Diesmal begann ich jedoch, das »Schema Israel« zu rezitieren und ihnen meinen Stern zu zeigen. Es war ein jüdischer Offizier dabei, der die anderen Soldaten stoppte, die uns sofort in Ruhe ließen. Nach und nach beruhigte sich die Situation. Eine Kommandatur wurde eingerichtet, auf der wir unsere Ausweise als Verfolgte erhielten, auf deutsch und auf russisch.

Es war Mitte Mai und schwülwarm. Wenn man durch die zerbombten Straßen zog, spürte man noch lange einen intensiven Leichengeruch. Ich wollte weg aus der Emser Allee, denn dort war die Bedrohung durch die Russen am größten. So gingen wir mit unserem Leiterwagen, den Werner Lang zog,

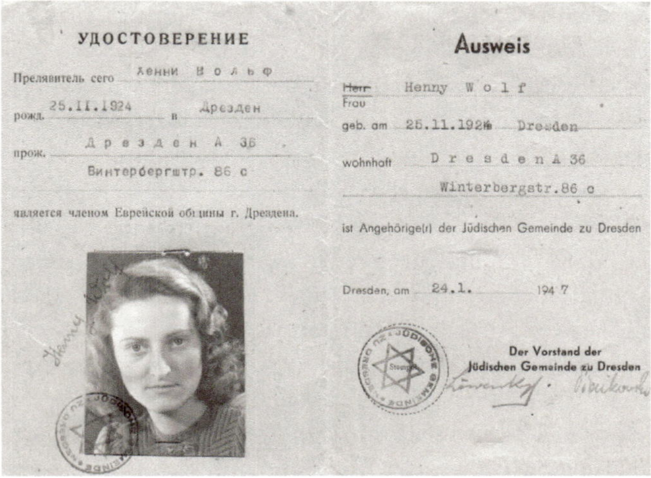
УДОСТОВЕРЕНИЕ

Предъявитель сего Хенни Вольф

рожд. 25.11.1924 в Дрезден

прож. Дрезден А 36 Винтербергштр. 86 с

является членом Еврейской общины г. Дрездена.

Ausweis

~~Herr~~ Frau Henny Wolf

geb. am 25.11.1924 Dresden

wohnhaft Dresden A 36 Winterbergstr.86 c

ist Angehörige(r) der Jüdischen Gemeinde zu Dresden

Dresden, am 24.1. 1947

Der Vorstand der Jüdischen Gemeinde zu Dresden

Richtung Borsbergstraße, wo Freunde von Werner wohnten, die geflüchtet waren. In deren Wohnung konnten wir ungefähr vierzehn Tage bleiben, bis uns eine eigene Wohnung zugewiesen wurde. Unsere Ausweise schützten uns nun auch vor den russischen Soldaten. Das heißt, sie sollten uns schützen. Immer halfen sie auch nicht. Einmal rissen Russen meinen Vater vom Fahrrad und stahlen seine Uhr. Er protestierte, zeigte seinen Schein vor, doch sie lachten nur: »Schein deine, Uhri meine.«

Als erstes wollten wir unsere Verwandten wiederfinden. So nahmen wir mit unserer Familie in Dänemark und Bolivien Verbindung auf. Es dauerte Monate, bis die Post hin- und hergegangen war. Ihre Freude war übergroß, daß wir am Leben geblieben waren. Auch wir erfuhren erst nach dem Krieg, daß alle dänischen Juden, darunter auch meine Familie, nach Schweden geflüchtet und so gerettet worden waren. Wir wandten uns an Suchorganisationen, um die restliche Familie aufzuspüren. Besonders meinen Cousin Alfred wähnten wir noch am Leben. Mein Vater hatte ihm ja noch wenige Monate vorher heimlich Essen gebracht. Wir hofften, er habe sich vielleicht noch andernorts verstecken oder im Chaos der letzten Monate flüchten können, nachdem die Gestapo im Januar 1945 die anderen Juden aus dem Haus abgeholt hatte. Mein Vater dachte, man müsse ihn in Berlin suchen, doch dort hinzukommen schien unmöglich. Züge fuhren noch nicht. In dieser Situation kam uns wieder einmal Werner Lang zu Hilfe. Es gelang ihm, uns ein Auto zu besorgen, mit dem wir nach Berlin fuhren, um Alfred zu suchen. Berlin bot dasselbe Bild wie Dresden: ein einziger Trümmerhaufen. Die Frau, die Alfred versteckt hatte, war nicht aufzufinden. Wir besuchten Tante Grete, die nicht ausgebombt war und mit einer Freundin zusammenlebte. Sie verstarb 1947 während der großen Typhusepidemie in Berlin. Von Alfred aber gab es kein Lebenszeichen mehr.

Einige wenige Bekannte aus Dresden kamen aus dem KZ zurück, und nun erst begannen wir in voller Tragweite zu begreifen, was geschehen war. Wir wußten ja bereits vorher, daß es Todeslager gegeben hat, auch der Name Auschwitz war oft gefallen. Wir waren, nachdem wir den Deportationsbefehl erhalten hatten, überzeugt, alles zu tun, nur diesem nicht Folge zu leisten. Mein Vater sagte damals: »Lieber eine Bombe auf den Kopf als nach Auschwitz.« Daß Auschwitz damals schon befreit worden war, wußten wir nicht. Vor allem hatten wir keine Ahnung davon, daß man die Menschen dort fabrikmäßig mit Gas umgebracht hatte, das überstieg unsere Vorstellungskraft.

Trotz all des Schrecklichen, das sich nun immer deutlicher herauskristallisierte, kam es für uns nicht in Frage, Dresden und Deutschland zu verlassen. Mein Vater war überzeugt, er würde jetzt wieder sein Kino erhalten. Für die Verfolgten müsste man doch eine Ausnahme machen. Das ginge doch nicht, daß man das von den Nazis weggenommene Eigentum nicht zurückerstattete. Er begann nun einen Kleinkrieg mit den Behörden, der sich über sieben Jahre hinzog. Wir sollten Grundsteuer für den Boden bezahlen, der uns noch gehörte, auf dem aber ein Haus stand, das nicht bewohnbar war. Ein ausgebombtes Haus. Er beantragte, ein anderes Kino als Leiter zu bekommen, das alten Nazis gehörte, hatte damit aber keinen Erfolg. Von etwas aber mußten wir doch leben. In das Bankgeschäft zurückgehen konnte er im kommunistischen System schließlich auch nicht. Wiedergutmachung gab es in der DDR ebensowenig wie in der Sowjetischen Besatzungszone. Daß wir verfolgt worden waren, war den Behörden egal. Sie unterschieden zwischen zwei Kategorien: Einerseits gab es »Opfer des Faschismus«, die »nur« verfolgt worden waren, wie wir; andererseits schuf man die Kategorie »Kämpfer gegen den Faschismus«, was praktisch mit ehemaligen Kommunisten gleichzusetzen war. Juden waren, wenn sie nicht zufällig auch gerade Kommunisten waren, sozusagen Verfolgte zweiter Klasse. Bekannt ist der Fall des Leipziger Gemeindevorsitzenden Eugen Gollomb, der nach seiner Flucht aus Auschwitz zusammen mit polnischen Partisanen Widerstand gegen die Nazis geleistet hatte. Dennoch wurde ihm der Status »Kämpfer gegen den Faschismus« mit der Begründung verweigert, sein ungenügend ausgeprägter »Klassenstandpunkt« ließe »die bewußte politische Motivation« vermissen. Wir bekamen das sehr stark auf den Amtsstellen der 1947 geschaffenen VVN (Vereinigung der Verfolgten des Naziregimes) zu spüren. Meine Eltern erhielten zwar eine kleine Rente, ich aber gar nichts, auch nicht die Möglichkeit zur Ausbildung. Selbst bei den Lebensmittelkarten gab es unterschiedliche Kategorien, wir erhielten weniger als die »Kämpfer gegen den Faschismus«. Aber mein Vater sagte: »Wir haben die Nazis überlebt, da wird uns das auch nichts mehr ausmachen.«

Wir hätten das alles natürlich leicht ändern können, indem wir in die Kommunistische Partei eingetreten wären. Es waren wenige, die dies aus Überzeugung taten, aber es gab natürlich auch diejenigen, die vorher sehr bürgerlich gewesen waren und jetzt sofort der KPD beitraten, wie etwa Victor Klemperer. Andere wurden ohne ihr eigenes Zutun in die SED aufgenommen, weil sie vorher der SPD angehört hatten. Mein Vater hat sich fürchterlich aufgeregt über diejenigen, die nun gleich nach dem Parteibuch strebten oder sich sonst irgendwie mit Symbolen der neuen Staatsmacht identifizierten. Wir sollten zum Beispiel am 1. Mai oder ähnlichen Anlässen Fahnen mit Hammer und Sichel aus dem Fenster hängen. Er sagte dazu nur: »Ich habe in der Nazizeit keine Fahnen aus dem Fenster gehängt und werde es jetzt auch nicht tun.« Ich bekam keinen Studienplatz, weil ich der Bourgeoisie angehörte, kein Arbeiter- und Bauernkind war und mich weigerte, der SED beizutreten. Daß ich wegen der Nazis meine Ausbildung hatte abbrechen müssen, interessierte keinen. Ich wäre sehr gerne an die Kunstakademie gegangen, doch das war unerreichbar.

Aber trotz aller Enttäuschungen waren wir unheimlich glücklich, daß wir alle drei die Kriegs- und Verfolgungsjahre mit heiler Haut überlebt hatten. Eine ganze Familie, das war nicht häufig der Fall! Wir freuten uns daran, daß wir wie normale Menschen auf der Straße spazierengehen konnten, ohne gebrandmarkt zu sein; daß wir Parkanlagen genießen konnten; daß wir nicht bei jedem Klingeln zusammenzucken und die Gestapo befürchten mußten. Wir genossen es richtig, uns auf eine Bank zu setzen, auf der früher »Für Juden verboten« gestanden hatte. Ich konnte wieder in ein Kino, ein Theater, ein Restaurant gehen.

Natürlich war das Leben noch weit von der Normalität der Zeit vor 1933 entfernt. Die Oper und das Schauspielhaus waren noch nicht funktionsfähig. Zuerst gab es in Bühlau hinter dem Kurhaus in einem Notbehelf (wir nannten es »die Scheune«) Theatervorstellungen. Wir froren, wir saßen auf Holzbänken, aber das Niveau war hervorragend. Für mich war Theater überhaupt eine neue Erfahrung. Ich kannte aus der Zeit, in der ich noch ausgehen durfte, ja nur Kindertheater. Es gestaltete sich zwar nun alles sehr anders als die aufwendigen Vorbereitungen zu den Theaterbesuchen meiner Eltern, die ich in meiner Kindheit noch erlebt hatte. Jetzt gab es keine Hausschneiderin; wir waren froh, überhaupt etwas zum Anziehen zu haben.

Ging man in ein Restaurant und bestellte ein Kartoffelgericht, mußte man pro Kopf ein halbes Pfund Kartoffeln in einem Säckchen abgeben. Wenn wir ausgingen, zogen wir also mit einem Sack Kartoffeln durch die Gegend. Für Fleisch reichte es, Marken mitzubringen. Es waren ja alles Restaurants der staatlichen Handelsorganisation. Aber für uns war es dennoch paradiesisch, nachdem wir praktisch vergessen hatten, wie ein Restaurant von innen aussah.

Meine Eltern bekamen eine Rente, die aber für die Schwarzmarktpreise nicht reichte. Mein Vater besorgte sich also einen Gewerbeschein und eröffnete ein kleines Geschäft mit Textilartikeln. Allerdings gab es kaum Ware einzukaufen. Der Leiter einer Hutfabrik in Niedersedlitz, der in der Nazizeit selbst politisch verfolgt worden war, gab meinem Vater immer etwas mehr, als ihm aufgrund der Zuteilung zusatnd. Einmal waren ganze Kartons Skimützen aus dunkelgrauem, filzartigem Stoff mit Ohrenklappen dabei. Schrecklich häßlich, aber warm. Die Männer standen schon am Morgen, bevor das Geschäft öffnete, zwei Stunden lang Schlange. Es hatte sich herumgesprochen, daß es warme Skimützen gab. Sie rissen sie uns förmlich aus den Händen. Wir verdienten nicht groß daran, aber hatten etwas in der Hand, das man auf dem Land für Butter oder Eier eintauschen konnte. Denn es ging dort größtenteils noch um Naturalien. Ein paar Eier gegen einen Schal für die Bäuerin, Hühnerfleisch gegen ein Tuch, oder, wie Werner Lang im Scherz sagte: »Tausche guterhaltenes Skelett gegen ein Pfund Gänsefett.«

Dank meines Vaters mußten wir also auch nun keinen Hunger leiden, wie so viele Menschen um uns herum. Zudem hatten wir Kleidung und mußten nicht frieren. Aber für meinen Vater war es nicht einfach, mit Mitte Sechzig eine neue Existenz aufzubauen. Er sah sein Geschäft nur als Übergangslösung an und hörte nie auf, von seinem Kino zu träumen. Außerdem halfen meine Mutter und ich ihm im Geschäft. Für meine Mutter war dies natürlich sehr ungewohnt. Sie war ja in einer Welt aufgewachsen, in der Frauen nicht zur Arbeit gingen. Natürlich hatte sie im Krieg auch Zwangsarbeit geleistet, aber wenn es nicht notwendig war, arbeitete eine Frau eben nicht. Mein Vater dachte übrigens genauso, und es war ihm gar nicht recht, daß er auf die Hilfe meiner Mutter angewiesen war.

Ich versuchte, ein bißchen gesellschaftliches Leben nachzuholen, und war viel mit Freunden unterwegs, im Sommer in Usedom, im Winter in Oberbärenburg zum Skifahren. In Dresden selbst war die wiedergegründete jüdische Gemeinde für mich der Mittelpunkt des gesellschaftlichen Lebens. Die Gebete fanden anfänglich in den Gemeinderäumen der Bautzener Straße statt. Mit meiner Mutter besuchte ich dort regelmäßig die Gottesdienste. An den jüdischen Feiertagen, wie Purim und Chanukka, mietete die Gemeinde einen Raum an und veranstaltete dort kleine Bälle mit Musik und Tanz. Meine Mutter backte zusammen mit anderen Frauen Hamantaschen, das traditionelle Purimgebäck. Wir waren mit der Gemeinde verbunden und freuten uns, daß es wieder jüdisches Leben gab, das zumindest ein wenig den Schein der Normalität erweckte. Die meisten der Gemeindemitglieder waren keine früheren Dresdner, sondern osteuropäische Juden, die nach ihrer Befreiung als »Displaced Persons« in Deutschland geblieben waren. Insgesamt gab es 1947 nur 135 Gemeindemitglieder, von denen nicht einmal alle in Dresden selbst, sondern einige in der Umgebung wohnten. In meinem Alter gab es fast niemanden. Von den früheren Dresdnern stammten die meisten aus Mischehen, von denen viele sich vor der Nazi-

Die 1950 eingeweihte Synagoge in der Fiedlerstraße

zeit gar nicht als Juden identifiziert hatten, nun aber Halt in der jüdischen Gemeinschaft suchten. 1950 wurde eine neue Synagoge eingeweiht. Man kann sich kaum einen größeren Gegensatz vorstellen als den zwischen dem imposanten, selbstbewußten und weithin sichtbaren Bau der ehemaligen Sempersynagoge und dem bescheidenen Gebäude auf dem Grundstück des jüdischen Friedhofs in der Fiedlerstraße. Wenngleich die Synagoge wieder von Leben beseelt war, erinnerte der Bau doch an eine Leichenhalle auf dem Friedhofsgelände. Was konnte symbolischer sein für die Situation jüdischen Lebens in jenen Jahren?

Erneut bedroht

Die scheinbar ruhige Nachkriegszeit wurde allerdings sehr bald wieder von neuer Verfolgung durch die Kommunisten überschattet. Unser Freund Werner Lang, der vorübergehend Staatssekretär in der sächsischen Landesregierung, dann Direktor der Maschinenverwaltung Sachsen war, verschwand eines Tages plötzlich. Die Geheimpolizei holte ihn von seinem Schreibtisch weg – grundlos, wie viele andere Juden in wichtigen Positionen.

Ich war wie vom Blitz getroffen, als seine Sekretärin völlig aufgelöst vor meiner Wohnungstür stand und mir berichtete, was vorgefallen war. Ich glaubte an eine Verwechslung und war davon überzeugt, daß er am nächsten Tag zurückkehren würde. Er war ein richtiger »Jecke«, wie er im Lehrbuch stand: ganz korrekt, niemals zu Unsauberkeiten in der Lage. Über einen Anwalt versuchte ich zuerst, eine Nachricht ins Gefängnis zu schicken, allerdings ohne Erfolg. Zusammen mit meinen Eltern dachte ich verzweifelt darüber nach, wie wir ihn wieder herausbekommen könnten. Ich kam schließlich auf Ruth Glücksmann, mit der meine Mutter und ich bei Zeiss-Ikon gearbeitet hatten und die nun mit Jule (eigentlich Julius) Meyer, dem Mitvorsitzenden der noch vereinten Berliner Jüdischen Gemeinde, verheiratet war. Jule Meyer war auch Abgeordneter in der Volkskammer, und wenn jemand helfen konnte, dann er. Als 1950 die Synagoge in Dresden eingeweiht worden war, hatte ich Ruth nach vielen Jahren wiedergetroffen. Sie hatte mich eingeladen, doch einmal nach Berlin zu kommen, es gäbe dort so schöne Veranstaltungen der jüdischen Gemeinde. Diese Einladung nahm ich nun wahr – ich glaube, es war ein Purimball – allerdings aus anderen Gründen als gesellschaftlichen. Ich suchte den Kontakt, um Werner Lang aus der Klemme zu helfen. Denn Jule Meyer, so sagte man, hatte schon vielen Leuten aus dem Gefängnis herausgeholfen.

Am Telefon konnte ich nicht sagen, worum es ging. So teilte ich Ruth nur mit, ich nähme ihre Einladung an. Ich besuchte sie also in ihrer schönen Villa in Klein-Machnow. Alles war sehr elegant: mit Chauffeur, Haushälterin, Dienstmädchen. Es gab wunderbares Essen. Das war ein anderes Leben, als ich es bisher in der DDR kennengelernt hatte, so lebten die Funktionäre. Den beiden aber habe ich es gegönnt, sie hatten sehr viel durchgemacht und Auschwitz überlebt. Ich sah wohl schon furchtbar schlecht aus, und Ruth fragte gleich, was denn mit mir los sei. Ich sagte nur: »Die haben den Doktor verhaftet.« Sie schlug die Hände über dem Kopf zusammen und schrie entsetzt: »So, jetzt geht's wieder los!« Ihnen war auch bekannt, daß Leon Löwenkopf, der Vorsitzende der Dresdner Gemeinde, und andere schon verhaftet worden waren. Sie fiel ihrem Mann um den Hals: »Jule, Jule, du mußt helfen. Sie haben den Werner verhaftet.« Er reagierte gar nicht; vor mir konnte er ja schlecht sagen, er könne helfen. Ich fuhr zurück nach Dresden. Wieder dasselbe: keine Möglichkeit, ins Gefängnis zu kommen, überhaupt Kontakt herzustellen. Ich selber hatte eine Zeitlang das Gefühl, beschattet zu werden, weiß aber nicht, ob das stimmt. Ich kehrte noch einige Male nach Berlin zurück, um mit Jule Meyer und seiner Frau zu sprechen. Im Dezember, nach einem dreiviertel Jahr, war Werner dann plötzlich frei. Ob es aufgrund von Meyers Bemühungen geschah, das habe ich nie erfahren.

Uns wurde nun zunehmend unheimlicher zumute. Die Fälle der Verhaftungen von Juden in gehobenen Positionen mehrten sich. Wenn irgendwo hebräische Texte, auch wenn es nur Gebetsbücher waren, gesehen wurden, zog dies gleich die Aufmerksamkeit der Behörden auf sich. Sofort wurde man zionistisch-imperialistischer Kontakte beschuldigt. Ihren Höhepunkt fand die nunmehr kaum verhüllte antisemitische Hetze während des Schauprozesses gegen das »staatsfeindliche Verschwörerzentrum Rudolf Slansky« in der Tschechoslowakei im November 1952. Die Mehrzahl der Angeklagten waren Juden, und die antisemitische, anti-zionistisch getarnte Hetze war nicht zu überhören. Auch in der DDR wurde, wie wir heute wissen, ein entsprechender Prozeß vorbereitet.

Es war der Höhepunkt des Kalten Krieges und die Funktionäre der jüdischen Gemeinden in der DDR mußten bei jeder Gelegenheit ihre Solidarität mit der Sowjetunion ausdrücken. Einmal ging ich mit zu einer dieser Reden von Jule Meyer. Seine Frau saß neben mir, und als er besonders scharf gegen die kapitalistischen Feinde wetterte, hielt sie meine Hand und flüsterte mir ins Ohr: »Du wirst sehen, das nimmt keinen guten Sof (Ende).« In der Tat wurden außer Leon Löwenkopf auch andere prominente Juden in der DDR, wie der Journalist Bruno Goldammer und der Vorsitzende der Nationalen Front in Sachsen, Hans Schrecker, verhaftet.

Wir bekamen wieder Angst, einfach Angst. Das wollten wir nicht noch einmal mitmachen. Bei meinem letzten Besuch in Berlin war ich auch von Heinz Galinksi gewarnt worden, es braue sich etwas zusammen, unsere Sicherheit in der DDR sei nicht mehr gewährleistet: »Warum seid Ihr denn noch dort?«

Ich wollte wissen: »Was sollen wir denn im Westen tun, wenn wir plötzlich dort auftauchen?« Er sicherte uns zu, die Gemeinde würde uns schon helfen. Seine Frau Ruth stammte übrigens auch aus Dresden. Die Berliner Gemeinde war damals praktisch die einzige Institution, die noch in Ost und West vereint war, aber die Spaltung zeichnete sich bereits ab und wurde dann im Januar 1953 auch vollzogen. Berlin war noch nicht durch die Mauer getrennt, man konnte nach West-Berlin mit der S-Bahn durchfahren, natürlich unauffällig, ohne Gepäck. Das heißt, das bißchen Zuhause, das wir uns nach der Befreiung in Dresden eingerichtet hatten, mußten wir wieder aufgeben. Doch ich drängte schließlich darauf, alles aufzugeben und die DDR zu verlassen. Mein Vater sah mittlerweile auch ein, daß er sein Kino nicht mehr bekommen würde. Als der Entschluß gereift war, fuhr ich mit meiner Mutter drei- oder viermal nach West-Berlin, um Kleidungsstücke und das Nötigste hinüberzubringen. Außerdem versuchten wir ein wenig Ware aus dem Geschäft meines Großvaters in den Westen zu schaffen, denn von etwas mußten wir ja am Anfang leben. Wir wollten nicht von unseren Bekannten abhängig sein, und meine Mutter konnte sich alles vorstellen, nur nicht, in ein Auffanglager zu kommen. Es war immer nur möglich, ganz wenig mitzunehmen, und jede Fahrt war mit einem Risiko verbunden. Wir stellten die Sachen dort bei einem Jugendfreund meines Vaters unter.

Einmal wurde ich im Zug nach Berlin von der Volkspolizei kontrolliert, als ich mit meiner Mutter fuhr. Auch hier erregte der Ausweis meiner Mutter wieder die Aufmerksamkeit der Beamten: Geburtsort Minsk, Vorname Sascha. Die Polizisten schauten schon ganz mißtrauisch in den Paß und fragten, wohin wir denn wollten. Wir hatten unseren Ausweis von der jüdischen Gemeinde bei uns und behaupteten, wir würden die Gemeinde im Ostteil der Stadt besuchen. Natürlich sagte niemand bei diesen Befragungen, er wolle nach Westberlin fahren. Er schaute auf das Gepäck und fragte, was wir denn damit wollten. Wir antworteten, wir würden ein paar Tage bleiben und bräuchten daher das Gepäck. Dummerweise tauchte auf der Rückfahrt wieder der gleiche Vopo auf. Wir erstarrten beinahe vor Angst, als er in unser Abteil trat, denn nun fuhren wir ja ohne Gepäck, was sofort Verdacht erregt hätte. Zum Glück erinnerte er sich aber nicht mehr an uns und ging vorbei. Ein anderes Mal begleitete mich mein Vater. Wir nahmen Chiffontücher aus unserem Geschäft mit, um im Westen nach der Flucht etwas harte Währung zu bekommen. Ich stopfte mein Kostüm, meine Strumpfhosen und den Büstenhalter mit diesen Tüchern aus, was an sich nicht auffiel. Das ging gut aus. Schwieriger war es einmal, als wir versuchten, einen Koffer mit Büstenhaltern und Korsetts in allen Größen am Bahnhof aufzugeben. Wir schleppten den Koffer zum Neustädter Bahnhof, allerdings war es nicht mehr das neueste Modell, und auf dem Postplatz platzte er auf. Büstenhalter in allen Größen und Variationen lagen im schmutzigen Novemberschnee und zogen die Aufmerksamkeit der umstehenden Frauen auf sich. »Was, kann man das kaufen, kann man das haben?« Sie stürzten sich darauf, und wir versuchten, so schnell wie möglich zu verschwinden. Mein Vater verschloß den Koffer wieder notdürftig und gab ihn bei der Bahn auf. Kommt er an, ist es gut, kommt er nicht an, dann ist die Ware eben weg. Der Koffer kam an und verhalf uns am Anfang zu einem kleinen Aufbaukapital.

Am 6. Dezember 1952 war es schließlich soweit. Der Termin zur endgültigen Flucht stand mit der Einladung zu einem Chanukkaball nach Ost-Berlin in Verbindung. Zu dem Ball hatten wir eine Einladung, ein guter Vorwand bei Kontrollen zwischen Dresden und Berlin. Es gab keine großen Abschiedsszenen, denn eigentlich sollte niemand von unserer Flucht erfahren. Es hätte sowohl uns wie auch die anderen nur unnötig in Gefahr gebracht. Nur ganz wenige wußten von unseren

Plänen. Da waren die Freunde, die wir baten, ein Gemälde, das uns besonders am Herzen lag, bei sich unterzubringen, doch dies erschien ihnen zu gefährlich. Sie beschränkten sich darauf, unsere restlichen Lebensmittel zu sich zu nehmen. Die Freundin, die schließlich das Bild zu sich nahm, floh dann wenig später auch in den Westen.

Meine Mutter bildete sich ein, sie müsse unbedingt ihre Daunendecken mitnehmen, die wir uns unter Mühen angeschafft hatten. Sie wollte nicht in »Pferdedecken« schlafen, falls wir in ein Auffanglager gekommen wären. Sie wickelte sie also zu langen Rollen zusammen, schlug sie in Packpapier ein und schnürte sie zusammen. Außerdem packte sie in letzter Minute noch unser Silberbesteck in eine kleine schwarze Tasche, ohne meinem Vater oder mir davon ein Wort zu sagen, und lud sie oben mit belegten Broten voll. Wir waren überzeugt, da sei nur Reiseproviant drin. Die langen Rollen zogen natürlich sofort die Aufmerksamkeit des durchgehenden Vopos auf sich: »Was hamsn da ohm lieschen?« Meine Mutter erzählte ungeniert, wir seien für ein paar Tage von der jüdischen Gemeinde nach Ost-Berlin eingeladen und müssten unsere Bettdecken selbst mitbringen. Zu unser aller Erstaunen glaubte er diese Geschichte und kontrollierte auch nicht die vermeintliche Provianttasche.

Mit den ganzen Sachen stiegen wir in die S-Bahn, als uns bald klar wurde, daß wir beschattet wurden. Ein Mann, der uns schon im Zug von Dresden aufgefallen war, war uns nun in der S-Bahn auf den Fersen. Es kam die Durchsage, letzte Station im Osten. Wir hatten geplant, einfach in den Westen durchzufahren, doch fielen wir mit dem Gepäck sehr auf. Unser Schatten hätte uns sicherlich festgenommen, bevor sich der Zug in Bewegung gesetzt hätte. Wir stiegen also aus, er hinter uns her. Er wartete nur darauf, daß wir in die nächste S-Bahn Richtung Westen stiegen. Mein Vater war geistesgegenwärtig genug, aus dem Bahnhof hinauszugehen und ein

Taxi zu rufen. Er rief dem Fahrer erst mal zu: »Bloß schnell weg von hier!« Der Taxifahrer wußte sofort, was los war, und antwortete: »Ick kann Se aber nich in Westen fahren.« – »Nein, nein, fahren Sie uns in die Oranienburger Straße, zur jüdischen Gemeinde.« Der Schatten war abgeschüttelt! Das war eine ungeplante Zwischenstation, doch erwies sie sich als richtig. Jule Meyer schloß uns einen Abstellraum auf, in dem wir unsere Sachen verstauen konnten. Ohne Gepäck sind wir dann in die S-Bahn gestiegen und nach West-Berlin gefahren. Meine Mutter mußte vorerst ohne ihre Daunendecken auskommen, doch das Silberbesteck ließ sie sich nicht aus der Hand nehmen. Zum Glück hatten wir vorher ein wenig Kleidung bei den Bekannten, bei denen wir zuerst unterkamen, verstaut. Ein Freund brachte uns nach einigen Wochen die Daunendecken vom Osten in den Westen. Nach ein paar Wochen beim Jugendfreund meines Vaters in Tempelhof bekamen wir schließlich ein Zimmer für uns drei. Ich mußte mit meiner Mutter in einem Bett schlafen, das ging, da wir beide sehr schmal waren, für ein drittes Bett reichte der Platz nicht. Die Vermieterin wollte uns das Zimmer zuerst gar nicht geben, ein Zimmer für drei Leute! Uns rettete jedoch ihr Schäferhund. Als ich mit meinem Vater die Wohnung ansehen ging, sprang er uns entgegen. Ich habe Hunde sehr gern und sagte gleich: »Na komm nur, du Lieber.« Sie war ganz verblüfft, daß er mich ansprang und mit mir spielen wollte. »Na, wissen Se, wenn der so jut zu Ihnen ist, bekomm Se die Wohnung. Der mag Fremde nämlich sonst jar nich.«

Doch von Ruhe war auch in der neuen Wohnung vorerst wenig zu spüren. Kaum waren wir eingezogen, brach sich meine Mutter auf der Straße den Arm. Wir hatten noch kein Geld, waren als Flüchtlinge noch nicht anerkannt und wußten nicht, wohin zur ärztlichen Versorgung. Heinz Galinski sorgte dafür, daß sie im jüdischen Krankenhaus behandelt wurde. Im Scherz rief er uns zu: »Na, kaum seid Ihr hier, haben wir schon Zores von Euch.« Es war dann nachts schrecklich für mich, mit meiner Mutter und dem Gipsarm im Bett zu liegen.

Nur wenige Wochen nach uns flüchteten praktisch alle führenden Repräsentanten der jüdischen Gemeinden aus dem Osten. Im Januar kam der Vorsitzende der Dresdner Gemeinde, Leon Löwenkopf, um die gleiche Zeit die Gemeindevorsitzenden aus Leipzig und Erfurt, und selbst Jule Meyer, der Vorsitzende der Ost-Berliner Gemeinde und Volkskammerabgeordnete, kam in den Westen. Viele derjenigen, die blieben, waren Repressalien ausgesetzt. So mußte der in der Dresdner Gemeinde aktive Historiker Helmut Eschwege unter dem Druck der Partei seine Stelle als Abteilungsleiter im Museum für Deutsche Geschichte niederlegen. Dies war eines der konkreten Ergebnisse der »Lehren aus dem Prozeß gegen das Verschwörerzentrum Slansky«, wie es das ZK der SED verkündet hatte. Wie man Eschwege inoffiziell wissen ließ, waren neben anderen Gründen seine Aktivitäten in der jüdischen Gemeinde, seine Lektüre jiddischer Zeitungen und die Tatsache, daß er während des Dritten Reichs nach Palästina emigriert war, für seine Entlassung ausschlaggebend. Als Stalin im März 1953 starb, war die größte Furcht erst einmal vorüber, aber bis dahin war praktisch die gesamte Führung der jüdischen Gemeinden schon im Westen. Das ohnehin schon bescheidene jüdische Leben in der DDR sollte sich von diesem Verlust nicht mehr erholen.

Ankunft im Westen

Um die Papiere für einen ständigen Aufenthalt in West-Berlin zu erlangen, brauchten wir eine Anerkennung vom Amt für freiheitliche Juristen, daß wir aus politischen Gründen, als an »Leib oder Seele Gefährdete«, in den Westen kamen. Dies bedeutete zuerst einmal das Ausfüllen zahlreicher Formulare, in denen man versicherte, nie kommunistisch aktiv gewesen zu sein. Man hatte Angst vor Spionen, die die DDR in den Westen einschleuste. Wir waren mindestens zweimal pro Woche im Amt der freiheitlichen Juristen, wo immer ein großer Menschenandrang herrschte. Dort trafen wir unter den Wartenden auch Leon Löwenkopf und Jule Meyer wieder. Verschiedene Beamte fragten uns nach Strich und Faden aus; nicht einmal, sondern Woche für Woche. Was der Grund unserer Flucht war, ob wir kommunistischen Parteien angehörten und so weiter. Schließlich bekamen wir die Anerkennung und einen Ausweis für Vertriebene und Flüchtlinge. Meine Eltern erhielten eine Wiedergutmachungsrente als NS-Verfolgte. Wir konnten aus den beengten Verhältnissen des einen Zimmers ausziehen und uns eine kleine Wohnung in Tempelhof leisten. Ich hatte noch ehemalige Dresdner Bekannte in West-Berlin, die ich regelmäßig traf. Im Frühjahr 1953 erhielt ich, über die Vermittlung von Freunden, einen Brief mit dem Bild eines hübschen jungen Mannes, der aus Polen stammte und all das mitgemacht hatte, wovon wir noch verschont geblieben waren: fünf Jahre Ghetto und Konzentrationslager. Er hatte die Eltern und zwei Geschwister verloren, und auch weitere Familienmitglieder waren in Auschwitz umgekommen. Nach dem Krieg landete er, wie viele »Displaced Persons« in Bayern und wollte ein paar Monate in Deutschland bleiben.

Zwei Schwestern, die ebenfalls das KZ überlebt hatten, emigrierten Ende der vierziger Jahre nach Kalifornien, der Bruder sollte nachkommen, er wollte nur noch die Geschäfte der Schwestern abwickeln. Das dauerte länger als geplant. Ganz gesund war er nicht nach den schweren Jahren, er wollte zur Ruhe kommen. Es verging ein Jahr nach dem anderen. Die Schwestern mit ihren Familien haben immer auf ihn gewartet. Als gelernter Bibliothekar baute er sich in Weiden eine neue Existenz auf, und auch den Schwestern ist es gelungen, sich ein neues Leben aufzubauen, wovon sie früher nicht einmal zu träumen gewagt hatten.

Wir trafen uns in Nürnberg und verbrachten dort ein paar Tage. Von da an ging alles sehr schnell. Georg Hermann, der das Berliner jüdische Milieu des 19. Jahrhunderts so treffend charakterisierte, hätte jetzt geschrieben: »Und alles kam, wie es kommen mußte.« Am 16. Juni 1953 heirateten wir, zehn Monate später kam unser erster Sohn zur Welt.

Meine Eltern verstanden sich ausgezeichnet mit meinem Mann, doch sie waren von dem bayerischen Provinzstädtchen nicht angetan, nachdem sie in Dresden aufgewachsen waren und nun in Berlin lebten. Aber sie besuchten uns oft und liebten ihren Enkel sehr. Daß sie das nach den schrecklichen Jahren noch erlebt haben, hat uns sehr glücklich gemacht. Leider verstarb mein Vater schon 1956, ausgerechnet während eines Besuches bei uns, und liegt nun hier begraben. Meine Mutter lebte noch ein paar Jahre in Berlin und zog dann auch in unser Haus. Sie erlebte noch ihren zweiten Enkel und auch für sie waren beide Kinder ihre ganze Freude. So waren wir ja eine ganz normale Familie. Eben das hatte nach dem Programm der Nationalsozialisten nicht sein dürfen. 1980 starb meine Mutter, ausgerechnet am 13. Februar, dem Jahrestag der Bombardierung Dresdens. Sie wurde auf dem jüdischen Friedhof in Weiden begraben. Die Religion, die meine Eltern im Leben nicht getrennt hatte, schied sie nun im Tod. Nachdem sie gemeinsam gekämpft, gemeinsam gelitten und sich moralisch gestützt hatten, fanden sie, die nach der Befreiung aus ihrer Heimat vertrieben worden waren, zwar in der gleichen Stadt, doch auf verschiedenen Friedhöfen ihre ewige Ruhe.

Es war der größte Wunsch meiner Mutter gewesen, noch einmal nach Dresden zu fahren. In ihren letzten Lebensjahren – sie ist fast 90 geworden – war sie etwas verwirrt und ging sogar einmal zum Bahnhof, um »nach Hause« zu fahren. Das war vor dem Mauerfall natürlich nicht ohne weiteres möglich. Sie sollte die erneuten politischen Veränderungen in ihrer Heimat nicht mehr erleben. Ich selbst unternahm meine erste Reise nach der Flucht mit meiner Familie 1981, bereits kurz nach ihrem Tod. Damals dachte ich, daß ich zum letztenmal meine Geburtsstadt wiedersehen würde, so deprimierend waren allein schon die Reisevorbereitungen. Man empfahl uns, einen zweiten Paß zu beantragen, da unsere Pässe mit Israelstempeln bei der Erstellung der Visa schaden könnten. Dann die verschlossenen Türen im »Interzonenzug«, die Schäferhunde an der Grenzstation. Unschöne Assoziationen mit der Vergangenheit ließen sich nicht vermeiden. Auch das Stadtbild von Dresden mit der schrecklich verunstalteten Prager Straße trug nicht dazu bei, die schöne Seite der Kindheit wieder aufleben zu lassen. In der Alaunstraße fand ich an der Stelle, an der unser Kino stand, einen schmutzigen Platz mit einer Würstelbude. Dennoch: die alten vertrauten Straßen, die Mendelssohnallee mit dem Haus, in dem ich aufgewachsen war, die Schule, Waldpark und Großer Garten, Blaues Wunder, Pillnitz, die Elbe. All dies noch einmal zu sehen hat sich doch gelohnt. So fahre ich seit dem Ende der DDR wieder regelmäßig nach Dresden. Nicht nur aus Vergnügen oder Nostalgie, sondern auch, um etwas viel Wichtigeres zu tun: jungen Menschen von meinen Erlebnissen im »Dritten Reich« zu erzählen. Ich habe es in einigen Schulen getan und empfand es immer als sehr positiv. Nun bin ich auch in meiner ehemaligen Schule eingeladen, was mich schon etwas nervös macht. Mit Freude und auch ein wenig Genugtuung durfte ich auch der Grundsteinlegung für die neue Synagoge beiwohnen. Dank der Einladungen zu Treffen der Stadt Dresden an ihre ehemaligen jüdischen Mitbürger, die mittlerweile jährlich stattfinden, habe ich auch einige meiner Schulfreunde wiedergetroffen. Auch von seiten der Christlich-Jüdischen Gesellschaft und der Initiative Hatikva und der Stadt wurde in den letzten Jahren viel zum besseren Verständnis der Vergangenheit getan. Trotzdem begleiten mich jedesmal gemischte Gefühle, wenn ich wieder »nach Hause« fahre, im Garten meiner Kindheit spazierengehe und die alten Bäume sehe, auf die ich als Kind geklettert bin. Ich freue mich, daß ich dies noch erleben darf, und doch weiß ich genau: Die Menschen, aus denen »mein Dresden« bestand, sind nicht mehr zurückgekehrt.

Beim Aufschreiben meiner Erinnerungen habe ich in den letzten Jahren zur Thematik erschienene Literatur mit herangezogen. Folgende Bücher, aus denen ich auch kurz zitiere, fand ich besonders nützlich:

Adolf Diamant, Chronik der Juden in Dresden: Von den ersten Juden bis zur Blüte der Gemeinde und deren Ausrottung. Darmstadt 1973.

Norbert Haase, Stefi Jersch-Wenzel, Hermann Simon (Hg.), Die Erinnerung hat ein Gesicht. Fotografien und Dokumente zur nationalsozialistischen Judenverfolgung in Dresden 1933-1945. Leipzig 1998.

Hatikva (Hg.), Spurensuche – Juden in Dresden: Ein Begleiter durch die Stadt. Hamburg 1995.

Victor Klemperer, Ich will Zeugnis ablegen bis zum letzten. Tagebücher 1933-1945. Hrsg. von Walter Nowojski. Berlin 1995/96.

Hildegart Stellmacher (Hg.), Juden in Sachsen: Ihr Leben und Leiden. Leipzig 1994.

Yfaat Weiss, Schicksalsgemeinschaft im Wandel: Jüdische Erziehung im nationalsozialistischen Deutschland 1933-1938. Hamburg 1991.

Nachwort

Geschichte besteht immer auch aus Geschichten. Als Kind und Jugendlicher habe ich viele Geschichten von meiner Mutter gehört, und die Faszination, die von ihnen ausging, mag durchaus zu meinem Entschluß beigetragen haben, später Geschichte zu studieren. Es war sicherlich kein Zufall, daß zu den in meinem Elternhause am liebsten gelesenen Büchern Friedrich Torbergs »Die Tante Jolesch oder der Untergang des Abendlandes in Anekdoten« wie auch Erich Kästners »Als ich ein kleiner Junge war« gehörten. So wie diese beiden Erinnerungsbücher nicht einfach versuchen, einer verlorenen Kindheit nachzutrauern, sondern die Wehmut über eine scheinbar lange überholte Zeit aus der Perspektive des Noch-einmal-Davongekommenen schildern, so liegt der Schatten einer tagtäglich aufs neue von Todesängsten bedrohten Jugend über der glücklichen und unbeschwerten Dresdner Kindheit, wie sie in diesem Buch geschildert wird.

Die meisten Überlebenden konnten zwanzig, dreißig, oft vierzig Jahre lang nicht über ihre Erfahrungen sprechen. Meine Eltern bildeten hier keine Ausnahmen. Meinem Vater fiel es zeitlebens schwer, über seine Zeit in den Konzentrationslagern zu sprechen. Meine Mutter grub zunächst die unterhaltsameren Familiengeschichten aus der Kindheit aus, bevor sie auch über die Zeit nach 1933 berichten konnte. Was zunächst nur für die Familie bestimmt war, sollte sie bald auch an zahlreichen Schulen vortragen, und was anfänglich mündlich vorgetragen wurde, ist nun auch schriftlich fixiert. Es verliert damit gewiß den Reiz der erzählten Geschichte, und dies ist gerade bei jemandem, dem die immer seltener werdende Gabe des Erzählens zu eigen ist, bedauerlich. Doch wird dadurch ein Schicksal festgehalten, das unter den vielen einzigartigen Lebensgeschichten auch seine Besonderheiten hat und die Nachgeborenenwelt um eine zumindest kleine neue Nuance der doch so vielfältig dokumentierten Verfolgungsgeschichte bereichern mag.

Wir kennen alle zweifellos schrecklichere Schicksale als das hier geschilderte; Schicksale, die von den Qualen der Vernichtungslager, von medizinischen Experimenten, der Ermordung der Kinder oder Eltern vor den eigenen Augen berichten. In diesem Buch geht es um ein etwas anderes, bisher vielleicht weniger dokumentiertes Schicksal: Seine Besonderheit liegt zunächst in der Tatsache, daß ein junges Mädchen dreieinhalb Jahre lang mit dem gelben Stern in Deutschland lebte, über tausend lange Tage lang als offen Gebrandmarkte zu einer Art Spießrutenlauf durch die Straßen Dresdens gezwungen wurde.

Die Vernichtungslager im Osten spielten sich weit entfernt von den Blicken der deutschen Durchschnittsbürger ab, und so konnte man nach dem Krieg und kann man bis heute immer wieder den Ruf hören: »Wir wußten doch nichts davon.« Doch wie viele unbescholtene Bürger sahen tagaus, tagein die Menschen mit dem gelben Stern vor ihrer Haustür oder ihrem Büro vorbeigehen? Das hier geschilderte Schicksal spielte sich ganz offen und vor den Augen aller ab.

Der zweite besonders erwähnenswerte Punkt ist das traurige Paradox, daß ein Mensch in dem ja auch für ihn entsetzlichen Inferno des vielleicht schlimmsten Bombenangriffs auf eine deutsche Stadt gleichzeitig seine Befreiung sehen muß, und nur auf diese Weise der drei Tage später vorgesehenen Deportation entgehen konnte. Die Dresdner Juden (die nicht einmal die Luftschutzkeller benutzen durften) waren nicht besser vor den Bomben geschützt als die übrige, sich in der Stadt befindliche Bevölkerung; auch ihnen war der Untergang des Elbflorenz und der Tod vieler unschuldiger Menschen kein Grund zur Freude. Dennoch bedeutete er für diejenigen, die nicht von den Bomben getötet wurden, die Rettung. Selten lagen Todesangst und Befreiung so nah beieinander wie in jener denkwürdigen Nacht.

Ein dritter Aspekt darf schließlich nicht unerwähnt bleiben. Er betrifft das hier geschilderte Leben unter zwei Diktaturen. Die Rote Armee Stalins war – und dies muß unverblümt gesagt werden – für die Opfer des Naziterrors zunächst der Befreier. Immer wieder ist heute nicht nur von Vergleichen, sondern Gleichsetzungen zwischen nationalsozialistischem und stalinistischem Terror zu hören. Die feinen Unterschiede sind aber vielleicht gerade die entscheidenden. Gewiß forderte der stalinistische Klassenhaß nicht weniger Opfer als der nationalsozialistische Rassenhaß, und für die letztlich Betroffenen machte es keinen Unterschied, welcher politischen Orientierung ihre Mörder anhingen. Dennoch bleibt es eine nicht zu widerlegende Tatsache, daß jeder Jude – Kinder, Frauen und Alte eingeschlossen – am Ende des nationalsozialistischen Europas nur noch am Leben sein konnte, weil er oder sie der Ermordung durch Flucht oder einen glücklichen Zufall bisher noch entgangen war. Eine ähnlich systematische Ausrottung einer Rasse oder Klasse, in der alle vermeintlichen Angehörigen durch Geburt dem Tode geweiht waren, hat der Stalinismus, aus welchen Gründen auch immer, nicht versucht. Nur die Zentralität des Rassenwahns in der NS-Ideologie, wie sie sich noch bis zuletzt in Hitlers Testament ausdrückt, kann dies erklären. Auch diese nicht ganz unwesentlichen Unterschiede trugen dazu bei, daß die westlichen Alliierten sich vorstellen konnten, für die Dauer des Krieges mit Stalin zu paktieren, aber nicht mit Hitler.

Diese Unterschiede freilich bedeuten nicht, daß die Befreiung durch die Rote Armee nun auch die Freiheit bedeutete. Daß vielmehr auch vom Befreier bald wieder eine Bedrohung ausgehen sollte, zeigt der hier geschilderte Bericht. Sieben Jahre nach der Befreiung flüchtet meine Mutter, wie viele andere in der DDR verbliebene Juden, nun vor den Befreiern, verliert damit zum zweitenmal alles und beginnt wieder von vorne. Auch dies gehört zu den tragischen Ironien dieser Geschichte und der Geschichte des 20. Jahrhunderts.

Diese Geschichte zeigt auch, daß ähnliche Schicksale sich in wesentlichen Punkten unterscheiden können. Die Verfolgung der Dresdner Juden hat durch die Tagebücher Victor Klemperers einen gewissen Bekanntheitsgrad erlangt. Die hier geschilderte Erfahrung wird dem Klemperer-Leser teilweise bekannt vorkommen, mußte meine Mutter teilweise doch in derselben Fabrik wie er Zwangsarbeit leisten. Doch wird diese Geschichte aus einer doch recht anderen Perspektive geschildert. Nicht nur der Generationsunterschied spielt hierbei eine Rolle. Trotz des nichtjüdischen Vaters blieb das Mädchen Mitglied in der jüdischen Gemeinde, auch als dies nicht opportun war, und trotz der Freude über die Befreiung durch die Rote Armee und der zahlreichen Verlockungen entschied sich die Familie nach dem Krieg eindeutig gegen eine Mitgliedschaft in der Kommunistischen Partei. Diese Unterschiede zum Lebensweg Klemperers blieben selbstverständlich nicht ohne Konsequenzen im alltäglichen Leben.

Die Zeitzeugen, die den Bombenangriff in Dresden mit dem gelben Stern erlebt haben, leben nicht mehr. In wenigen Jahren wird es gar keine Zeitzeugen mehr geben, die über die Naziverbrechen berichten können. Insofern scheint es mir als Historiker von bleibendem Wert zu sein, daß nun auch diese Geschichte für die Nachwelt präsent bleibt, wenngleich sie damit die Intimität der erzählten Familiengeschichte verlieren mag.

Michael Brenner

Abbildungsnachweise

Gesellschaft für christlich-jüdische Zusammenarbeit Dresden
S. 99

Institut für Geschichte der Medizin der TU Dresden
S. 70

Jüdische Gemeinde zu Dresden
S. 53

Privatbesitz Henny Brenner
S. 20, 21, 23, 26, 31, 43, 47, 49, 51, 83, 92, 93

Sächsische Landesbibliothek – Staats- und Universitätsbibliothek (SLUB) Dresden, Deutsche Fotothek
S. 59, 85

Stiftung Sächsische Gedenkstätten
S. 72